BIBLIOTHÈQUE

DES CHEMINS DE FER

DEUXIÈME SÉRIE

HISTOIRE ET VOYAGES

3

De l'imprimerie de Ch. Lahure (ancienne maison Crapelet)

rue de Vaugirard, 9, près de l'Odéon

DEUX ANNÉES

A LA BASTILLE

RÉCIT

EXTRAIT DES MÉMOIRES

DE Mme DE STAAL (Mlle DELAUNAY)

(1718-1720)

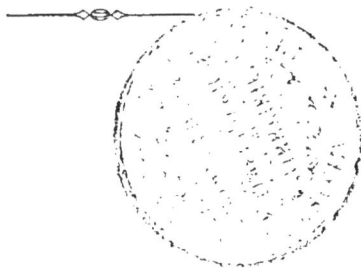

PARIS

LIBRAIRIE DE L. HACHETTE ET Cie

RUE PIERRE-SARRAZIN, N° 14

—

1853

AVANT-PROPOS.

En faisant la liste des amis ou des serviteurs de la duchesse du Maine, que la conspiration de Cellamare fit mener à la Bastille, le duc de Saint-Simon parle très-dédaigneusement de Mme de Staal. Il l'appelle « une principale femme de chambre, favorite, confidente, et sur le pied de bel esprit. » La haine de Saint-Simon pour les bâtards de Louis XIV, et particulièrement pour le duc du Maine, ne lui permet pas de juger, même une femme de chambre, avec impartialité. Mme de Staal, qui s'appela d'abord Mlle Delaunay, était, dans son humble condition, une des femmes les plus distinguées de son temps. Le vieil abbé de Chaulieu lui voua une espèce de culte, et lui a consacré quelques-uns de ses plus jolis vers. Elle a laissé des *Mémoires*, modestes comme sa vie, d'un style simple et plein de charme, où l'histoire politique ne trouve rien à glaner, mais qui fournissent à l'histoire des mœurs plus d'un renseignement curieux.

Il faut avouer que si nous nous étions proposé de faire connaître les horreurs de la Bastille, nous aurions eu grand tort de choisir les Mémoires de Mme de Staal; car elle déclare elle-même que le temps qu'elle a passé sous les verrous est le temps le plus heureux, ou, pour mieux dire, le seul temps heureux de sa vie. Mais, en histoire, ne faut-il pas tout connaître? On a tant fait usage des cachots de la Bastille, qu'il ne sera peut-être pas sans intérêt de parler un peu de ses salons.

Depuis Charles V, qui fonda la Bastille en 1374, jusqu'au 14 juillet 1789, où le peuple de Paris la renversa, elle a renfermé dans ses murailles tant de grands noms, tant de noms odieux, tant de noms illustres, qu'aucune autre prison du monde ne peut entrer en comparaison avec elle. Louis XI y a tenu le cardinal de La Balue, le connétable de Saint-Pol, Jacques d'Armagnac, qui, de son sang versé sur un échafaud, inonda la tête de ses deux enfants, agenouillés, par l'ordre du roi, sous le billot. Henri III renferma dans la Bastille le connétable de Montmorency; la Ligue y emprisonna le premier président Achille de Harlay; sous Henri IV, le maréchal de Biron y eut la tête tranchée; elle reçut, pendant la minorité de Louis XIV, le grand Condé, premier prince du sang, vainqueur de Rocroi. Le maréchal de Bassompierre y avait langui dix ans sous le règne de Louis XIII.

Louis XIV, aussi, tient une grande place dans les archives de la Bastille. Il y renferma le surintendant Fouquet, avant de l'envoyer aux îles Sainte-Marguerite; Pellisson, l'ami de Fouquet, celui-là même qui adoucit les ennuis de sa prison en apprivoisant une araignée; Louis de Rohan, qui eut la tête tranchée dans l'enceinte même de la forteresse, avec la marquise de Villars et le chevalier Despréaux. Van den Enden, leur complice, fut pendu le même jour et dans le même lieu. C'est sous Louis XIV, qu'on mit à la Bastille, où on l'oublia pendant plus de trente ans, un jeune homme, un enfant, un écolier de rhétorique du collége Louis le Grand, François Seldon, coupable d'avoir fait un distique contre Louis XIV. Le Masque de fer y passa plusieurs années de sa triste vie. Qu'était-il? Un prince, sans doute; un bâtard, peut-être. L'histoire n'a pas de plus curieuse et de plus impénétrable énigme.

Nous trouvons Richelieu et Voltaire parmi les prisonniers de la régence; l'illustre La Chalotais, sous Louis XV; et, sous Louis XVI, enfin, le cardinal de Rohan, la comtesse de Lamothe, le comte de Cagliostro, compromis à différents titres dans l'affaire du collier, les députés bretons. le marquis de Sade. Mirabeau manque à la liste de la Bastille, il ne fut enfermé qu'à Vincennes.

Parmi les femmes, les plus célèbres sont Éléonore. Galigaï, maréchale d'Ancre, condamnée au feu, sous le règne de Louis XIII, pour crime de sorcéllerie; la Voisin, l'empoisonneuse; Mme Guyon, la béate, qui compta presque Fénelon parmi ses disciples. Mlle Delaunay, qui n'était qu'une femme d'esprit, et peut-être une honnête femme, mérite à peine de figurer sur cette liste, entre ces crimes et ces malheurs illustres.

Mlle Delaunay naquit à Paris vers 1693. Son père, qui était peintre, résidait alors à Londres. Elle ne le vit jamais, et ne tarda pas à perdre sa mère. Elle n'avait rien. Mme de Grieu, abbesse de Saint-Louis de Rouen, l'éleva par charité, mais avec tous les soins et toute la tendresse possibles. Mlle Delaunay se trouva sans ressource à la mort de sa bienfaitrice. Elle connaissait le marquis de Silly, l'abbé de Vertot, Fontenelle et plusieurs autres personnes de mérite, qui s'efforcèrent de lui être utiles, et lui firent même des offres d'argent qu'elle se crut obligée de refuser. Elle était sur le point de manquer de pain, quand sa sœur aînée, femme de chambre de Mme de La Ferté, la présenta à sa maîtresse.

Mme de La Ferté la prit en gré, et la présenta partout sur le pied d'un petit prodige. Ces heureux débuts eurent une assez triste fin. Les protecteurs de Mlle Delaunay ne lui trouvèrent qu'une place de femme de chambre chez Mme la duchesse du Maine. Après avoir fait des vers et étudié la philosophie de Malebranche, et s'être vue louée par Vertot et Fontenelle, elle devint la compagne de Mlle Annette, et fut chargée de *bâtir des chemises*.

« Il m'est arrivé, dit-elle, tout le contraire de ce que l'on voit dans les romans, où l'héroïne, élevée comme une simple bergère, se trouve une illustre princesse. J'ai été traitée dans mon enfance en personne de distinction, et par la suite, je découvris que je n'étais rien, et que rien dans le monde ne m'appartenait. »

Mlle Delaunay se trouva être, sous tous les rapports, une déplorable femme de chambre. Elle ne savait pas coudre, elle était myope, elle faisait tout de travers, et malgré ses efforts pour plaire à ses compagnes, elle n'aboutissait qu'à leur paraître gauche et ridicule. Une lettre qu'elle écrivit à Fontenelle, lettre très-spirituelle et qu'on se passa bientôt de main en main, servit à la remettre à sa place. Mme du Maine l'employa dès lors en qualité de lectrice, et lui fit composer quelques-unes des pièces qu'on représentait à Sceaux. C'est dans cet état que la prit la conspiration de Cellamare, dont les suites la conduisirent à la Bastille.

Quoique la conspiration de Cellamare soit assez connue, comme il est nécessaire de s'en retracer les principaux traits pour l'intelligence des *Mémoires de Mme de Staal*, nous insérons ici un extrait des *Mémoires secrets de Duclos*, sur cette autre Journée des Dupes.

RÉCIT DE LA CONSPIRATION DE CELLAMARE, PAR DUCLOS [1].

Le coup d'autorité frappé au lit de justice [2] avait étourdi les ennemis du régent, mais ne les avait pas abattus. La fureur que la duchesse du Maine était obligée de cacher n'en était que plus vive, et sa correspondance avec l'Espagne plus fréquente. Le prince

1. Charles Pinot-Duclos, né à Dinan le 12 février 1704, mort à Paris en 1772, secrétaire perpétuel de l'Académie française.
2. Le régent, dans un lit de justice, avait privé le duc du Maine des droits de prince du sang légitimé, et l'avait réduit au rang de sa pairie.

Cellamare[1], attentif à tout ce qui se passait à Paris et en Bretagne, cherchait à faire des créatures au roi son maître, et beaucoup d'officiers avaient pris des engagements avec lui. Le projet était de faire révolter tout le royaume contre le régent, de mettre le roi d'Espagne à la tête du gouvernement de France, et, sous lui, le duc du Maine. On comptait sur l'union des parlements. Tout s'était traité assez énigmatiquement dans des lettres qui pouvaient être surprises; mais Albéroni voulut, avant d'éclater, voir les plans arrêtés, et les noms de ceux dont on devait se servir. Il était très-dangereux de confier de pareils détails à un courrier, que l'abbé Dubois[2] n'aurait pas manqué de faire arrêter.

Cellamare imagina qu'il n'y aurait rien de moins suspect que le jeune abbé Porto-Carrero, neveu du cardinal de ce nom. Ce jeune homme était depuis quelque temps à Paris. Monteleone, fils de l'ambassadeur d'Espagne en Angleterre, était aussi venu de Hollande; et ces deux jeunes gens, se rencontrant

---

1. Le prince de Cellamare, fils du duc de Giovenazzo, et qui porta ce titre lui-même après la mort de son père et de son frère aîné, était ambassadeur d'Espagne à Paris.

Il faut se rappeler que le roi d'Espagne Philippe, autrefois duc d'Anjou, était petit-fils de Louis XIV et oncle du jeune roi Louis XV. En montant sur le trône d'Espagne, il avait solennellement renoncé à la couronne de France, et cédé ses droits éventuels au duc d'Orléans (le régent); mais malgré cette renonciation, il était décidé à rentrer en France et à revendiquer la couronne, si le jeune roi mourait avant lui sans postérité.

2. Dubois était alors secrétaire d'État des affaires étrangères; et quoiqu'il ne fût pas encore cardinal et premier ministre, rien ne se faisait que par lui au dedans et au dehors.

ensemble à Paris, se lièrent naturellement, cherchaient les mêmes plaisirs, s'embarrassaient peu des affaires, et firent partie de s'en retourner ensemble.

Cellamare crut que de pareils courriers seraient à l'abri de tout soupçon. L'abbé Dubois n'en prenait point en effet ; et cependant tout fut découvert.

Un secrétaire de Cellamare se laissa dérober le secret des dépêches dans la maison de débauche de la Fillon[1]. Celle-ci alla sur-le-champ en rendre compte à l'abbé Dubois. Aussitôt, on expédia un courrier muni des ordres nécessaires pour avoir main-forte. Il joignit les voyageurs à Poitiers, les fit arrêter ; tous les papiers furent saisis et rapportés à Paris le jeudi, 8 décembre. Ce courrier arriva chez l'abbé Dubois précisément à l'heure où le régent entrait à l'Opéra. Dubois ouvrit le paquet, eut le temps de tout examiner, et de mettre en réserve ce qu'il voulut : nous verrons pourquoi. Au sortir de l'Opéra, l'abbé joignit le régent, lui rendit compte de la capture. Tout autre prince aurait été pressé de s'éclaircir ; mais c'était la précieuse heure du souper, et rien ne l'emportait là-dessus. L'abbé eut jusqu'au lendemain assez tard pour prendre ses mesures avant d'en conférer avec le régent, qui, dans les premières heures de la matinée, avait encore la tête offusquée des fumées de la diges-

---

1. Le régent fut obligé, dans la suite, de paraître sacrifier cette femme. Elle disparut : elle eut ordre de passer pour morte. On lui donna douze mille livres de rente et trente mille francs d'argent. Elle devint Mme la comtesse de ***, qui alla vivre décemment dans une petite ville d'Auvergne.

tion, n'était pas en état d'entendre affaires, et signait machinalement ce qu'on lui présentait.

L'abbé Dubois, en aspirant à tout, sentait pourtant qu'il n'était rien par lui-même, prévoyait les révolutions qui pouvaient arriver par la mort de son maître, et voulait se ménager des protecteurs en cas d'événements.

Il résolut de s'emparer tellement de l'affaire, qu'il pût sacrifier ceux dont la perte serait sans conséquence, et sauver ceux auprès de qui il s'en ferait un mérite. Le régent ne vit rien dans cette affaire que par les yeux de l'abbé. Le garde des sceaux[1] et Le Blanc[2] en furent les seuls confidents; et l'abbé, saisi des pièces du procès, se trouva maître de la condamnation ou de l'absolution des coupables.

Le prince Cellamare, instruit par un courrier particulier de ce qui était arrivé à Poitiers, et se flattant que ses deux Espagnols n'avaient été arrêtés que parce qu'ils voyageaient avec un banquier fugitif pour une banqueroute, prit un air d'assurance, et alla le vendredi 9, sur le midi, chez Le Blanc, réclamer le paquet de lettres dont il avait, dit-il, chargé par occasion l'abbé Porto-Carrero. L'abbé Dubois était déjà chez Le Blanc. L'un et l'autre répondirent à l'ambassadeur que ces lettres avaient été lues, et que, loin de les lui rendre, ils avaient ordre de faire en sa présence la visite des papiers de son cabinet; et tout de suite le

---

1. D'Argenson.
2. Secrétaire d'État de la guerre.

prièrent de monter avec eux en carrosse, pour se trouver tous trois ensemble à cet inventaire.

Cellamare, jugeant que les mesures étaient prises en cas de résistance, ne fit aucune difficulté, et fut ramené à son hôtel, dont un détachement de mousquetaires avait déjà pris possession. On ouvrit les bureaux et les cassettes. Le scellé du roi et le cachet de l'ambassadeur furent mis sur tous les papiers, à mesure qu'on en faisait l'examen et le triage. Après cette opération, les deux ministres se retirèrent, laissant l'ambassadeur à la garde de Dulibois, gentilhomme ordinaire du roi.

Durant la visite des papiers, Cellamare, d'un air libre, affecta de traiter Le Blanc avec politesse et l'abbé avec un mépris froid. Cela fut au point que Le Blanc allant ouvrir une cassette : « Monsieur Le Blanc, dit l'ambassadeur, cela n'est pas de votre ressort; ce sont des lettres de femmes. Laissez cela à l'abbé.... » Dubois sourit et feignit d'entendre plaisanterie.

Le soir il y eut conseil, où l'on rendit un compte sommaire de la conspiration. On y lut des lettres de Cellamare au cardinal Albéroni, et le régent y justifia très-bien son procédé à l'égard de l'ambassadeur, qui, ayant violé lui-même le droit des gens, avait perdu les priviléges de son titre. Les lettres furent imprimées, répandues partout : aucun des ministres étrangers ne prit la défense de Cellamare, qui partit de Paris accompagné de Dulibois et de deux capitaines de cavalerie. Ils s'arrêtèrent à Blois, où Cellamare fut gardé jusqu'à l'arrivée en France du duc de Saint-

Aignan, notre ambassadeur à Madrid; après quoi on le laissa continuer librement sa route.

Le matin du samedi 10, le marquis de Pompadour, dernier de son nom, père de la belle **Courcillon**, et aïeul de la princesse de Rohan, fut mis à la Bastille.

Le comte d'Aydie, cousin, beau-frère et du même nom que Riom[1], prit la fuite, et se retira en Espagne, où il est mort longtemps après assez bien établi. Le soir même que Cellamare fut arrêté, d'Aydie était dans une maison où il devait souper, et voyait jouer une partie d'échecs. On vient dire que Cellamare était arrêté. D'Aydie, très-attentif à une nouvelle si intéressante pour lui, ne montra pas la moindre émotion. Un des joueurs ayant dit qu'il ne pouvait plus gagner la partie, d'Aydie offrit de prendre le jeu, fut accepté, joua tranquillement, et gagna. Quand on servit le souper, il sortit sous prétexte d'incommodité, prit la poste, et partit.

Foucault de Magny, introducteur des ambassadeurs et fils du conseiller d'État, se sauva aussi : c'était un fou qui n'avait jamais rien fait de sage, que de s'enfuir. Un abbé Brigaut, fort enfoncé dans cette affaire, fut arrêté à Montargis sur son signalement, et amené à la Bastille. Il ne se fit pas presser pour déclarer tout ce qu'il savait, ajoutant qu'on en verrait les preuves dans les papiers qu'il avait laissés au che-

---

1. Riom, qui faillit épouser la duchesse de Berry, fille du régent, et veuve d'un petit-fils de Louis XIV, était un cadet de la maison d'Aydie. Il était petit-neveu de Lauzun, qui faillit lui-même épouser la grande Mademoiselle, fille de Gaston, et cousine germaine de Louis XIV.

valier de Ménil, qui fut arrêté; mais il avait déjà brûlé les papiers, que le régent regretta fort.

On arrêta successivement beaucoup de personnes, avant d'en venir au duc et à la duchesse du Maine. Cela ne tarda pas : le duc fut arrêté à Sceaux par La Billarderie, lieutenant des gardes du corps, conduit au château de Dourlens en Picardie et laissé sous la garde de Favencourt, brigadier des mousquetaires.

La duchesse, en considération de sa naissance, fut traitée avec plus de distinction. Ce fut le duc d'Ancenis, capitaine des gardes du corps, qui l'arrêta dans une maison de la rue Saint-Honoré, qu'elle avait prise pour être plus à portée des Tuileries. Le duc d'Ancenis la quitta à Essonne, d'où un lieutenant et un exempt des gardes du corps la conduisirent au château de Dijon.

Le duc du Maine ne montra dans son malheur que de la soumission, protesta souvent de son innocence et de son attachement au roi et au régent. Pour la duchesse, elle se plaignit beaucoup du traitement qu'on faisait à une princesse du sang, et déclama avec fureur contre son neveu, M. le duc, quand elle se vit dans le château de Dijon, dont il était gouverneur; et le public n'approuva pas qu'il devînt le geôlier de sa tante.

Tous les domestiques de la maison du Maine furent arrêtés en même temps que leur maître et renfermés à la Bastille. Mlle Delaunay, qui depuis a été Mme de Staal, fut du nombre. Ses Mémoires méritent d'être lus; ses portraits sont assez fidèles, à l'exception de celui du chevalier de Ménil, qu'elle aimait trop pour en bien juger. Je l'ai quelquefois rencontré chez elle, et il m'a paru au-dessous du médiocre.

Nous pouvons maintenant laisser la parole à Mlle Delaunay.

DEUX ANNÉES
A LA BASTILLE.

(1718-1720.)

I.

Arrestation.

M. et Mme la duchesse du Maine furent avertis qu'un grand orage les menaçait. L'alarme fut grande; on se tint sur ses gardes. Enfin, ne voyant rien paraître, on se rassura, et si bien que Mme la duchesse du Maine, à l'occasion de la Saint-Louis, sa fête, alla souper et coucher à l'Arsenal, lieu ordinaire de ses parties de plaisirs. Là, elle apprit de grand matin que tout se préparait pour un lit de justice que le roi allait tenir ce jour même aux Tuileries. Elle y revint à grande hâte. Je ne l'avais pas suivie à l'Arsenal. J'appris en même temps son retour et cette étrange nouvelle. Je ne pus la voir dans les premiers moments; elle les employa à conférer sur les choses présentes avec M. le duc du Maine et le comte de Toulouse.

Le parlement, selon l'ordre qu'il en avait, se

rendit aux Tuileries, toutes investies de troupes. La plupart des magistrats montrèrent une assez triste contenance; mais aucun ne donna signe de vigueur. Tout se passa au gré du régent. Le parti que prirent le duc du Maine et le comte de Toulouse de se retirer de l'assemblée, quand ils virent qu'il était question d'eux, donna une entière facilité d'exécuter ce qu'on avait résolu uniquement contre le duc du Maine. On lui ôta, sur des prétextes frivoles, la garde de la personne du roi et la surintendance de son éducation, qui fut donnée à M. le duc, sur la demande qu'il en fit par une requête; et, sur une autre requête des ducs, on abolit tous actes en faveur des princes légitimés et de leurs enfants. On rétablit tout de suite le seul comte de Toulouse dans la jouissance de ses rang et honneurs, aux termes de l'arrêt de 1717, alléguant les services que l'État avait reçus de lui, et la satisfaction qu'on avait de sa conduite.

Toutes ces choses s'exécutèrent sans la moindre résistance d'aucun côté. Cependant le parlement fit une protestation contre ce qui s'était passé au lit de justice; mais elle ne parut pas. On a lieu de s'étonner de ce que M. le duc du Maine ne tenta rien pour se maintenir dans une place qu'il occupait à si bon titre. M. le duc s'en mit aussitôt en possession, et on lui céda le même jour les logements que le duc et la duchesse du Maine avaient aux Tuileries. Ils allèrent se réfugier à l'hôtel de Toulouse. L'horreur de cette fuite, ce déménagement précipité, et plus encore l'événement qui y donnait lieu, me frappèrent l'esprit d'une manière que je n'ai éprouvée en aucune autre occasion. Mme la duchesse du Maine m'envoya à Sceaux pour faire la revue de ses papiers, et pour brûler tout ce qui pourrait être répréhensible. Je m'en acquittai si heureusement que, lorsqu'ils furent saisis quelque temps après, on n'y trouva rien à redire. Je revins le soir à l'hôtel de Toulouse, et je passai la nuit entière auprès de Mme la duchesse du Maine. Son état ne peut se dépeindre : c'était un accablement semblable à l'entière privation de la vie, ou comme un sommeil léthargique dont on ne sort que par des mouvements convulsifs.

Nous partîmes tous le lendemain pour aller à Sceaux, où nous restâmes atterrés. J'admire comme on se rend personnel tout ce qui regarde ceux auxquels on s'est entièrement dévoué. Je fus trois jours et trois nuits sans prendre le moindre repos. Mes propres malheurs ne m'ont jamais touchée si sensiblement. Outre les maux présents, il restait mille sujets d'inquiétude. Le mal apprend à connaître la crainte. Les lettres d'Espagne, que je recevais de temps en temps de notre baron, pouvaient être interceptées, nos pratiques sourdes découvertes. Chacun y était pour sa rade; mais le plus agité était M. de Malesieu. Ce modèle de lettres du roi d'Espagne qu'il avait perdu le jeta dans un trouble qu'il ne put cacher. Il imagina que quelqu'un s'en était saisi pour le produire au régent. Cependant il ne cessait d'en faire recherche. Il me demanda un jour si je n'avais point quelque connaissance d'un papier écrit de sa main et de celle du cardinal de Polignac, plein de ratures, qu'on lui avait pris. Il ne m'expliqua pas ce que contenait cette pièce; et, comme on m'en avait fait mystère, je ne savais ce qu'il voulait dire. Je l'assurai que je n'avais vu ni ouï parler d'aucun papier tel qu'il me dépeignait celui-là.

Mme la duchesse du Maine, après avoir été quelque temps dans cet état qui suspend toute idée et interdit tout mouvement, commença à se ranimer, et revint enfin à elle-même. N'osant plus voir les gens suspects, curieuse cependant de savoir où ils en étaient, elle m'envoya secrètement à Paris pour entretenir le comte de L... Je passai trois heures tête à tête avec lui. Il m'étala toutes les chimères imaginables, me fit voir, comme le principal fondement de leurs desseins, la ligue du nord, dont on parlait alors, et le rétablissement du prétendant en Angleterre, qui ruinerait le plus ferme appui du duc d'Orléans. Il n'y eut jamais d'idées plus vastes et moins suivies. Notre longue conversation finit par des assurances réciproques de ne prononcer

pour rien le nom l'un de l'autre, en cas de prison
et d'interrogatoire. Ce point de vue nous était fa-
milier, et faisait du moins le lointain du tableau.

En retournant à Sceaux toute seule, et par une
nuit très-noire, je versai au milieu du chemin, où
je restai plus de deux heures, partie dans un fossé,
le reste dans un moulin. Du temps qu'on faisait
cas des présages, celui-ci n'aurait pas été méprisé.

Je rendis à Son Altesse le meilleur compte qu'il
me fut possible du fatras qui m'avait été débité. Ce
fut un effort de mémoire; car la raison ni l'enchaî-
nement des choses n'aidaient point dans ce récit.
Elle ne laissait pas d'y entrevoir des espérances, et
de s'y prendre comme on fait aux brins de paille
qui flottent sur l'eau quand on se noie.

Mme la duchesse du Maine ayant passé environ
deux mois à Sceaux dans une inaction pénible,
eut envie de retourner à Paris. Elle n'y avait plus
d'habitation. La nécessité d'en chercher une fut la
raison ou le prétexte du séjour qu'elle fit dans
cette maison, qu'occupait la princesse sa fille. Le
désir d'être plus à portée de savoir ce qui se passait y eut sans doute la meilleure part.

Les gens liés d'intérêt avec elle poussaient toujours leur pointe, sans s'apercevoir qu'elle était
trop émoussée pour faire aucun effet. Ils fabri-
quaient des écrits sans fin, et n'attendaient qu'une
occasion pour les faire passer en Espagne. M. de

Pompadour en ayant fait un qui lui semblait triomphant, voulut le communiquer à Mme la duchesse du Maine. La promesse que le duc du Maine avait exigée d'elle de ne voir aucune des personnes en soupçon de cabaler, lui fit refuser le rendez-vous que demandait le marquis. Il insista sur la nécessité de cet entretien, sur l'impossibilité de trouver des mains assez sûres pour lui remettre l'écrit dont il s'agissait. Elle consentit enfin qu'il lui en fît lui-même la lecture, après avoir pris toutes sortes de précautions pour empêcher que cette entrevue ne fût découverte. Loin d'approuver ce mémoire, elle le jugea pernicieux, pria avec instance M. de Pompadour de ne le pas envoyer. Il parut céder à ses raisons et à ses désirs. Elle m'envoyait quelquefois lui porter des lettres que j'avais soin de lui faire brûler devant moi.

Mme de Pompadour disait toujours, en se déplorant : « Nous avons les ouvrages les plus décisifs et les plus utiles; mais rien ne passe. » Son mari et elle crurent avoir trouvé l'occasion du monde la plus favorable pour tout envoyer en Espagne : c'était l'abbé Porto-Carrero, jeune homme de vingt-deux ans, qui s'y en retournait. Il avait une chaise à double fond, où les papiers furent mis, et parurent à nos gens parfaitement en sûreté. Le comte de L... en donna avis à Mme la duchesse du Maine, par un billet qu'il lui écrivit. Cette prin-

cesse, qui s'était fortement opposée à ce dangereux envoi, prévit dans le moment quelles en seraient les suites.

On tâcha vainement de la rassurer sur la grande
prudence et discrétion de l'homme à qui l'on
s'était confié. Il est vrai qu'il n'y eut pas de sa
faute dans la découverte qu'on fit des papiers
qu'il portait. Tout le monde a su que le secrétaire
de l'ambassadeur d'Espagne, pour s'excuser d'un
rendez-vous manqué avec une fille de la commu-
nauté de la Filion, lui dit qu'il avait eu tant de dépêches à faire, à cause du départ de l'abbé Porto-
Carrero, qu'il s'était trouvé dans l'impossibilité
d'aller chez elle, comme ils en étaient convenus.
Cette fille en rendit compte à sa supérieure,
qui, étant fort en relation avec le régent, lui donna
cet avis qu'elle crut ne lui pas être indifférent.

Il expédia aussitôt des ordres pour faire arrêter
l'abbé sur la route, et saisir les papiers qu'il portait. On l'atteignit à Poitiers; et, après s'être em-
paré de ce qu'on voulait avoir, on lui laissa continuer son voyage. Il dépêcha sur-le-champ un
courrier au prince Cellamare, pour l'instruire de
ce qui était arrivé; et ce courrier fut d'une telle
diligence, qu'il devança de beaucoup celui qui
portait la même nouvelle au régent, lequel arriva
la nuit. Ce prince en avait passé une partie à
table, en compagnie agréable, et n'eut pas grande

envie d'employer le reste à l'examen d'une affaire peu réjouissante. On prétend même qu'il fut conseillé de différer l'ouverture du paquet, par une personne qui était avec lui, peu soucieuse d'affaires d'État. Quoi qu'il en soit, l'ambassadeur eut seize heures pour prendre ses mesures avant qu'il fût arrêté, ce qui rend inexcusable sa négligence à se défaire des papiers qui commettaient les personnes liées avec lui.

Il fit avertir le comte de L..., envoya cent louis à l'abbé Brigaut, et lui manda de partir secrètement et sans délai. Cet abbé connaissait assez particulièrement le chevalier de Menil; il fut le trouver, et lui dit qu'il allait faire un voyage peut-être long, et qu'il le priait de se charger d'une cassette dans laquelle étaient son testament et quelques papiers de famille qu'il lui remit. Le chevalier savait que l'abbé Brigaut s'était donné autrefois de grands mouvements pour les intérêts du chevalier de Saint-Georges; il crut qu'il s'agissait des mêmes affaires, et ne lui fit nulle question. L'abbé, après ce peu de discours, le quitta pour partir; et, le lendemain matin, sa servante apporta au chevalier de Menil un gros paquet de papiers cachetés, qu'elle lui dit que son maître l'avait chargée en partant de lui remettre. Il le prit, comme il avait fait de la cassette, sans y entendre aucune finesse.

L'après-dîner du même jour, 9 décembre 1718,
le chevalier de Gavaudun, un des premiers gen-
tilshommes de notre maison, entra dans ma chambre. M. de Valincourt était avec moi. Il nous dit :
« Voici une grande nouvelle, l'hôtel de l'ambassadeur d'Espagne est investi, et son quartier est
rempli de troupes. On ne sait encore de quoi il
s'agit. » Je fus saisie d'effroi. Je tâchai pourtant de
ne montrer que de la surprise de cet événement
devant M. de Valincourt, qui ignorait la part que
nous y prenions. Gavaudun était au fait ; il nous
quitta, ne voulant que m'apprendre ce qui était
arrivé. M. de Valincourt resta longtemps avec moi
à raisonner sur cette aventure dont il était fort
étonné. Je ne sais comment il ne s'aperçut pas de
mon trouble que j'avais grand'peine à cacher. J'es-
suyai ensuite une visite de l'abbé de Chaulieu, qui
me tint dans la même contrainte. L'ambassadeur
arrêté, et les conjectures à tort et à travers sur ce
sujet, firent encore toute la conversation.

Mme la duchesse du Maine, de son côté, n'avait
pas moins de peine à faire bonne contenance au
milieu du monde qui était chez elle. Tout ce qui
arrivait débitait la nouvelle, ajoutait quelques circonstances, et ne parlait d'autre chose. Elle n'o-
sait se soustraire à ce monde importun, de peur
qu'on ne lui trouvât l'air affairé. Elle me fit pourtant appeler un moment dans sa garde-robe, et

me demanda si je n'avais rien appris de particulier. Je lui dis que je ne savais que le bruit public dont j'étais très-alarmée. Elle l'était grandement aussi, quoiqu'elle ne vît pas encore où cela tendait. Elle m'envoya faire quelques perquisitions, dont je ne rapportai aucun éclaircissement.

Enfin, nous apprîmes que les papiers que portait l'abbé Porto-Carrero avaient été pris, et que ceux de l'ambassadeur, arrêté à cette occasion, étaient pareillement saisis. C'est alors que nous nous vîmes plongés dans l'abîme dont il n'y avait pas moyen de se tirer. Le lendemain, on sut que les marquis de Pompadour et de Saint-Geniès étaient à la Bastille. Deux jours après, Mme la duchesse du Maine, jouant au biribi comme à son ordinaire (elle n'avait garde de rien changer dans sa façon de vivre), un M. de Châtillon, qui tenait la banque, homme froid, qui ne s'avisait jamais de parler, dit : « Vraiment, il y a une nouvelle fort plaisante. On a arrêté et mis à la Bastille, pour cette affaire de l'ambassadeur d'Espagne, un certain abbé Bri... Bri... » Il ne pouvait retrouver son nom. Ceux qui le savaient n'avaient pas envie de l'aider. Enfin il acheva, et ajouta : « Ce qui en fait le plaisant, c'est qu'il a tout dit, et voilà bien des gens fort embarrassés. » Alors il éclata de rire pour la première fois de sa vie.

Mme la duchesse du Maine, qui n'en avait pas la

moindre envie, dit : « Oui, cela est fort plaisant.
— Oh! cela est à faire mourir de rire, reprit-il.
Figurez-vous ces gens qui croyaient leur affaire
bien secrète; en voilà un qui dit plus qu'on ne lui
en demande, et nomme chacun par son nom. »
Ce dernier trait jeta notre princesse dans la plus
cruelle inquiétude et la moins attendue; car le
comte de L... lui avait fait dire que l'abbé était
évadé, et les mesures si bien prises à cet égard,
qu'il n'y avait rien à craindre. Elle soutint jusqu'au bout la pénible conversation de M. de Châtillon, sans donner aucun signe des divers mouvements dont elle fut agitée. Elle m'en fit le récit la
nuit quand je me retrouvai avec elle, et me montra ses frayeurs, que je ne pus dissiper, trop persuadée moi-même du triste sort qu'elle allait subir.
On arrêtait tous les jours quelqu'un; et nous ne
faisions qu'attendre notre tour.

Le chevalier de Menil fut mis aussi à la Bastille.
L'abbé Brigaut, comme je l'ai dit, l'avait chargé
de sa cassette et de ses papiers. Le chevalier ne se
doutait de rien alors. Mais quand il apprit qu'on
avait arrêté le prince Cellamare pour affaires d'É-
tat, comme il savait que l'abbé était en relation
avec lui, il jugea, par son départ précipité, qu'il
pouvait être entré dans la même affaire, et se
trouva fort embarrassé de ce qu'il avait reçu de
cet abbé. Il n'ignorait pas la rigueur des ordon-

nances à ce sujet; mais il aima mieux s'y exposer que de manquer à quelqu'un qui, sans être son intime ami, s'était fié à lui. Il crut cependant devoir s'éclaircir de la nature du dépôt dont on l'avait chargé. Il ouvrit adroitement la cassette, et n'y trouva, comme l'abbé le lui avait dit, que son testament et des papiers aussi indifférents. Il la referma, sans qu'il y parût, et ensuite décacheta le rouleau de papiers, où étaient tous les projets, mémoires, et tout ce qui s'était écrit sur cette affaire d'Espagne, dont il n'avait eu aucune connaissance jusqu'à ce moment. Il n'eut pas le loisir de lire tant de pièces diverses; mais il en vit assez, en les parcourant, pour juger qu'il n'y avait rien ni contre le roi ni contre l'État : et, voyant les noms de beaucoup de gens de distinction qui allaient être impliqués dans cette affaire, si ce témoignage contre eux n'était soustrait, il prit le parti de jeter tous les papiers au feu.

Il y avait plusieurs intrigues distinctes de la nôtre, qui, sans se communiquer entre elles, aboutissaient toutes à l'Espagne, et traitaient séparément avec l'ambassadeur. Les comtes d'Aydie et Magny qui, au premier bruit, s'enfuirent en Espagne, avaient leur cabale particulière. Le duc de Richelieu, mis longtemps après les autres à la Bastille, avait la sienne. D'autres grands du royaume furent aussi soupçonnés d'avoir fait des partis. Les indices ou les preuves de toutes ces choses se trouvaient dans le mémorial de l'abbé Brigaut. Le prince Cellamare l'avait mis au fait de tout, ou peu s'en fallait.

Le lendemain de l'incendie qu'avait fait le chevalier de Menil, l'abbé Dubois, dont il était fort connu, et qui savait ses liaisons avec l'abbé Brigaut, l'envoya chercher, et s'informa de ce qu'il aurait pu en apprendre sur l'affaire en question. Le chevalier de Menil l'assura qu'il ne lui en avait jamais parlé, et lui avoua qu'il avait mis entre ses mains une cassette fermée, laquelle ne contenait à ce qu'il lui avait dit, que des papiers concernant ses propres affaires. On envoya vite chercher la cassette, où tout se trouva selon l'exposé.

Cependant l'abbé Brigaut, que l'ambassadeur avait pressé de partir, cheminait lentement sur un cheval de louage, vêtu en cavalier. Il atteignit en trois jours à Montargis, où des gens que le duc d'Orléans avait envoyés de tous côtés pour l'arrêter, se saisirent de lui, le trouvant très-ressemblant à la description qu'ils avaient de sa figure. Il se défendit d'abord d'être celui qu'on cherchait; mais plusieurs lettres qu'on trouva sur lui, adressées à l'abbé Brigaut, dont il n'avait pas eu soin de se défaire, furent une conviction à laquelle il ne put rien opposer. On le ramena par le même chemin à la Bastille, plus promptement qu'il n'avait été à Montargis.

La frayeur le saisit en y entrant, et il se montra disposé à dire tout ce qu'on voudrait savoir de lui.

MM. d'Argenson et Le Blanc, commis à l'examen de toute cette affaire, vinrent bientôt l'interroger; et, pour entamer la conversation, ils lui dirent que sa servante était à la Bastille, et que le chevalier de Menil leur avait remis ce qu'il lui avait confié. « Eh bien, dit-il, puisque vous avez ces papiers-là, vous savez tout; car il n'y a rien qui n'y soit. » Cet aveu, qui se rapportait si peu à ce qu'ils avaient trouvé dans la cassette, leur fit voir que le chevalier n'avait fait qu'une confession tronquée.

M. Le Blanc l'envoya chercher, et lui dit la déclaration de l'abbé Brigaut. M. de Menil l'assura hardiment qu'il n'avait aucun autre papier de l'abbé; et dit que, pour s'en convaincre, on n'avait qu'à envoyer sur-le-champ visiter sa maison. Après avoir persisté quelque temps sur cette négative, se voyant seul avec M. Le Blanc (les gens qui l'accompagnaient s'étaient retirés) : « Je vais, monsieur, lui dit-il, vous parler, non comme à un ministre d'État et à mon juge, mais comme à un galant homme, qui fait cas des sentiments d'honneur. » Ce petit avant-propos achevé, il conta naïvement, sans rien déguiser, ce qu'il avait fait, et les raisons qui l'y avaient déterminé. M. Le Blanc, touché de sa confiance, lui dit qu'il ne pouvait pas, sans trahir son ministère, garder le secret qu'il venait de lui confier, mais qu'il ferait valoir sa franchise, et tâcherait d'excuser sa conduite auprès du régent.

M. Le Blanc le retint chez lui, fut sur-le-champ au Palais-Royal, fit en effet tout ce qu'il put pour pallier l'action du chevalier de Menil, et serait parvenu à apaiser le duc d'Orléans sur son compte, si l'abbé Dubois, piqué personnellement d'avoir été trompé, n'avait jeté feu et flamme pour le faire mettre à la Bastille. Il y fut conduit le même jour, nonobstant les bons offices de M. Le Blanc et les sollicitations de Nocé, son ami, un des favoris du régent, qui offrit de le garder chez lui.

Un marquis de Menil, d'une autre famille, alla trouver le duc d'Orléans, pour l'assurer qu'il n'était ni parent ni ami du chevalier. « Tant pis pour vous, monsieur, répondit le régent, le chevalier de Menil est un très-galant homme. »

Je n'avais jamais ouï parler du chevalier de Menil, quand j'appris son aventure et sa prison. On donnait de grands éloges à son procédé généreux. J'entendis dire tant de bien de lui, à cette occasion, que cela me prévint extrêmement en sa faveur.

Le régent, pour autoriser et justifier sa conduite violente, avait fait imprimer et répandre deux let-

tres du prince Cellamare au cardinal Albéroni,
prises dans le paquet que portait l'abbé Porto-Carrero, avec les autres écrits envoyés à cette émi-
nence par l'ambassadeur. Il y avait à la tête de cet
imprimé :

« Afin que le public soit instruit sur quels
fondements Sa Majesté a pris la résolution, le 9
du présent mois, de renvoyer le prince Cellamare, ambassadeur du roi d'Espagne, et d'ordon-
ner qu'un gentilhomme ordinaire de sa maison
l'accompagne jusqu'à la frontière d'Espagne, on a
fait imprimer les copies des deux lettres de cet
ambassadeur à M. le cardinal Albéroni, des 1er et
2 du présent mois, signées par ledit ambassadeur
et entièrement écrites de sa main et sans chiffre. »

A la suite de ces deux lettres, on avait ajouté
cet avertissement :

« Lorsque le service du roi et les précautions
nécessaires pour la sûreté et le repos de l'État
permettront de publier les projets, manifestes et
mémoires cotés dans ces deux lettres, on verra
toutes les circonstances de la détestable conjura-
tion tramée par ledit ambassadeur pour faire une
révolution dans le royaume. »

Malgré cette promesse, on ne manifesta rien de
plus ; mais ce soin d'envenimer l'affaire et de la

rendre odieuse, la rigueur déjà exercée sur la plupart des prétendus coupables, annonçaient le traitement qu'on préparait aux personnes principales qui y étaient entrées. On en avait d'ailleurs plusieurs notions. Mme la duchesse du Maine fut positivement avertie, par plus d'une voie, qu'on songeait à l'arrêter. Elle m'entretenait souvent les nuits, et me disait qu'en quelque lieu qu'on la conduisît, elle demanderait que j'allasse avec elle. Je le souhaitais passionnément. Nous croyions alors qu'eu égard à son rang, on la mettrait dans quelque maison royale, avec une suite convenable. Il n'était pas possible d'imaginer la dureté du traitement qu'elle essuya. Cette idée de prison ne l'effrayait pas trop, et même elle en plaisantait avec moi, faisant des projets pour rendre sa retraite, sinon agréable, du moins facile à supporter.

J'étais dans cette triste attente lorsqu'un soir, plus fatiguée qu'à l'ordinaire, je me jetai sur un lit de repos dans ma chambre, et m'endormis. Au fort de mon sommeil, je me sentis tirée par le bras : j'ouvris les yeux à moitié, et, au travers de l'obscurité, j'entrevis une femme mal mise que je ne reconnus point. Elle me dit que sa maîtresse m'envoyait donner avis que Mme la duchesse du Maine allait être arrêtée cette nuit; qu'elle le savait par une voie si sûre qu'on n'en pouvait douter. Ce discours me réveilla tout à fait; je lui fis

3   b

plusieurs questions sur des particularités qu'elle ignorait. Je n'en tirai rien de plus : je sus seulement qu'elle était envoyée par la marquise de Lambert, à qui j'étais fort attachée, et qui l'était infiniment aux intérêts de Mme la duchesse du Maine, quoiqu'elle ne fût pas dans sa confidence sur cette affaire.

Je fus aussitôt trouver la princesse, et lui dis l'avis que j'avais reçu. Il ne faisait que confirmer avec plus de précision ceux qui lui étaient venus d'ailleurs. Elle en fit part aux gens les plus familiers auprès d'elle et les plus initiés à ses mystères, et les retint pour passer la nuit dans sa chambre, en attendant le moment de cette catastrophe, dont elle était si peu troublée, qu'elle fit beaucoup de plaisanteries tirées du sujet, où chacun se prêta ; et cette nuit d'alarmes se passa fort gaiement. Je pris un livre que je trouvai sous ma main, pour lui insinuer de dormir. C'étaient *les Décades* de Machiavel, marquées au chapitre *des conjurations*. Je le lui montrai. Elle me dit en éclatant de rire : « Otez vite cet indice contre nous; ce serait un des plus forts. »

L'attente fut vaine pour ce moment. Le jour vint, et s'avança sans qu'on entendît parler de rien. Des mesures qu'il fallut encore prendre obligèrent le régent à remettre de quelques jours l'exécution de son dessein. Cependant Mme la duchesse du Maine, persuadée qu'il y persistait, songea à faire un mémoire, qu'elle voulait laisser à Mᵐᵉ la princesse sa mère, pour l'engager à demander, aussitôt qu'elle serait arrêtée, qu'on lui fît son procès; sachant bien qu'il n'y avait rien eu de criminel dans sa conduite, et que l'examen juridique qu'on en ferait obligerait le régent à la remettre en liberté. Quatre ou cinq jours s'étaient écoulés assez tranquillement, lorsqu'après avoir passé une partie de la nuit à faire cet écrit et à m'en entretenir, elle s'endormit sur les six heures du matin, et je me retirai. Je commençais à m'assoupir, quand j'entendis ouvrir ma porte, où je laissais la clef. Je crus que Mᵐᵉ la duchesse du Maine me renvoyait chercher. Je dis à moitié éveillée : « Qui est-ce?» Une voix inconnue me répondit · « C'est de la part du roi. » Je me doutai d'abord de ce qu'il me voulait. On me dit tout de suite assez civilement de me lever : j'obéis sans réplique.

C'était le 29 décembre; le jour ne paraissait pas encore. Les gens qui étaient entrés dans ma chambre y étaient venus sans lumière : ils en allèrent chercher; et je vis un officier des gardes et deux mousquetaires. L'officier me lut un ordre qu'il avait de me garder à vue. Cependant je continuai de me lever. Je demandai ma femme de chambre, qui logeait un peu plus loin; on ne voulut pas la laisser venir. Toute la maison était pleine de gardes et de mousquetaires; et l'on ne pouvait aborder d'aucun côté. Elle tenta inutilement le passage, et fut toujours repoussée.

J'étais dans une horrible inquiétude de ce qui se passait chez Mme la duchesse du Maine, que je ne doutais pas qu'on n'arrêtât en même temps. Mais je jugeais bien qu'on ne m'en voudrait dire aucunes nouvelles. Je sus depuis que le duc de Béthune, capitaine des gardes de quartier, accompagné de M. de La Billarderie, lieutenant des gardes du corps, lui avait porté l'ordre du roi pour la conduire en prison, auquel elle se soumit sans résistance et avec une grande tranquillité. La Billarderie demanda à la femme qui était couchée dans la chambre de Mme la duchesse du Maine, si elle n'était pas la demoiselle Delaunay. Elle dit fort bien que non, n'enviant pas pour lors le traitement qu'on me destinait.

Je restai seule avec mes trois gardes, depuis sept heures du matin jusqu'à onze, sans rien savoir de ce qui se passait. Je demandai à l'un d'eux, avec qui je ne laissai pas de m'entretenir assez légèrement, si je ne suivrais pas Madame, en cas qu'on la transférât en quelque lieu. Il m'assura qu'on ne lui refuserait rien de ce qu'elle demanderait. Cette espérance me tranquillisa; mais je n'en jouis pas longtemps, car un autre garde vint dire au mien que la princesse était partie, et qu'ils

pouvaient me laisser avec un seul mousquetaire ;
ce qu'ils firent.

La nouvelle de ce départ, dont je n'étais point,
me serra le cœur. Ce fut la première émotion que
j'éprouvai. J'étais si préparée à tout le reste que
je n'en avais senti aucun trouble. Je ne pus savoir
où l'on conduisait Mme la duchesse du Maine.
On me dit seulement qu'elle coucherait ce jour-là
à Essonne : d'où je jugeai faussement qu'elle serait
gardée à Fontainebleau. J'aurais été bien plus affligée, si j'avais su alors qu'on la menait en Bourgogne, gouvernement de M. le duc, pour la mettre
dans la citadelle de Dijon ; qu'elle allait dans des
carrosses de louage, et n'avait pour toute suite
que deux femmes de chambre. On lui envoya peu
après, à la sollicitation de Mme la princesse, Mlle Des-
forges, parente de M. de Malesieu, attachée depuis
longtemps à elle, sans aucun titre. C'était se voir
étrangement réduite, pour une princesse toujours
environnée de monde, et qui se croit seule quand
elle n'est pas dans la presse.

Le capitaine des gardes la quitta à Essonne, et
M. de La Billarderie, avec les détachements des
gardes du corps et des mousquetaires, la mena à
Dijon, où il resta quelque temps auprès d'elle. Il
fut extrêmement touché du malheur de cette princesse, et ne songea qu'à adoucir, par ses soins et
par ses services, les horreurs de sa captivité.

M. le duc du Maine fut arrêté à Sceaux, où il était resté pendant le séjour que Mme la duchesse du Maine avait fait à Paris. On le conduisit dans la citadelle de Dourlens, en Picardie, où il fut gardé par un officier nommé Favencourt, qui le traita avec toute l'impolitesse et la dureté d'un véritable geôlier. M. de Malesieu, resté à Sceaux avec M. le duc du Maine, y fut pris : on saisit ses papiers en sa présence, et l'on trouva dans son écritoire, sous le repli du contrat de mariage de son fils, l'original de cette lettre du roi d'Espagne au roi de France, dont il avait fait tant de perquisitions et tant déploré la perte. Aussitôt qu'il l'aperçut, il se jeta dessus et la déchira ; mais M. Trudaine, qui faisait la visite de ses papiers, en reprit les morceaux, qui furent bien conservés ; et on le mena à la Bastille.

MM. Davisard et Barjeton, qui avaient travaillé aux mémoires sur les rangs des princes légitimés, et n'étaient point entrés dans l'affaire présente, se trouvèrent enveloppés dans la disgrâce commune à tout ce qui était particulièrement attaché à la maison du Maine. Le fils de M. de Malesieu, lieutenant général d'artillerie, et le chevalier Gavaudun, furent pris à Paris chez Mme la duchesse du Maine, en même temps qu'elle. Sa fille d'honneur, Mlle de Montauban, quoiqu'elle n'eût pas grande part à sa confiance, eut le même sort. Deux valets

de chambre de la princesse, quatre de ses valets
de pied, deux frotteuses de son appartement;
toutes ces personnes, prises d'un coup de filet,
furent amenées le même jour à la Bastille. On fit
l'honneur à l'abbé Le Camus et à cette comtesse
ruinée de les y mettre aussi; mais, je crois, un
peu plus tard. On y fit venir peu après, du fond
de sa province, le vieux marquis de Boisdavis,
gentilhomme de Poitou, pour une lettre qu'il avait
écrite au duc du Maine, remplie d'offres de services et d'assurances de dévouement à ses intérêts,
qu'on trouva dans les papiers de ce prince.

Le cardinal de Polignac fut exilé à Anchin, une
de ses abbayes en Flandre; le prince de Dombes,
et le comte d'Eu son frère, envoyés à la ville d'Eu
en Normandie, terre de M. le duc du Maine. La
princesse sa fille fut mise, par Mme la princesse,
au couvent de la Visitation de Chaillot. Toute cette
maison fut ainsi dispersée.

Renfermée dans ma chambre, tête à tête avec
un mousquetaire mal informé, je ne pus rien apprendre de toutes ces choses. Je crois qu'il aurait
dit volontiers ce qu'il aurait su; car il s'offrit à me
rendre tous les services que je voudrais exiger de
lui. Je n'en voulus recevoir aucun, tant par défaut
de confiance que pour ne pas lui donner, dans
une conjoncture si délicate, quelque droit à ma
reconnaissance. J'avais cependant une cassette

remplie de papiers non suspects par rapport aux affaires d'État, mais qui me regardaient personnellement, dont j'aurais bien voulu me débarrasser. Je crus, toute réflexion faite, qu'il valait mieux qu'elle tombât entre les mains des ministres qu'en celles d'un mousquetaire. Heureusement, celui-ci fut relayé par un autre, dans le temps qu'il commençait de prendre trop d'intérêt à mes malheurs. Celui qui vint à sa place ne me parut pas si compatissant. Il m'exhorta seulement à faire un léger repas, me faisant presque entendre que ce pouvait être le dernier. Je ne savais quelle exécution si brusque il m'annonçait, n'ayant nulle notion de ce que l'on voulait faire de moi.

L'après-dîner, MM. Fagon et Parisot, maîtres des requêtes, vinrent prendre mes papiers. Je leur dis qu'ils y trouveraient quelques lettres galantes; qu'il était bon de les avertir qu'elles étaient d'un homme de quatre-vingts ans, quoique écrites d'une main écolière, parce qu'il était aveugle. c'était l'abbé de Chaulieu, et le secrétaire son petit laquais, qui ne savait mot d'orthographe.

Ces messieurs examinèrent mes livres, où ils ne trouvèrent rien à reprendre; fouillèrent partout, jusque sous mes matelas, et ne virent point cette cassette que j'avais désiré de soustraire. Ils voulurent visiter un coffre dont ma femme de chambre avait la clef: cela les obligea de la faire venir, et on la laissa ensuite avec moi; ce qui me fut d'une grande consolation. Une heure ou deux après, un officier des mousquetaires me vint dire que je me disposasse à partir, sans m'apprendre où l'on allait me mener. Je lui demandai si la fille qui me servait ne viendrait pas avec moi. Il me dit qu'il n'avait nul ordre sur cela, et ne pouvait le permettre sans savoir la volonté du régent. Je le priai instamment de m'obtenir cette grâce, qui serait la seule que je demanderais. Il m'assura qu'elle me serait accordée, et que cette fille me suivrait de fort près. Il emmena son mousquetaire, me renferma dans ma chambre seule avec elle, et me dit que dans une demi-heure on viendrait me chercher.

Cette pauvre Rondel, quoiqu'il n'y eût qu'un an qu'elle fût auprès de moi, et qu'on lui eût officieusement conseillé de ne pas me suivre, m'assura que quelque chose qui pût arriver, elle ne me quitterait point. J'eus lieu d'être aussi contente de son bon sens que de son affection.

La cassette, pleine de mes papiers, qui m'était restée, m'inquiétait, quoiqu'il n'y eût que des bagatelles; et j'eus l'imprudence de lui dire de les jeter au feu quand je serais partie, et qu'elle se trouverait seule dans ma chambre. Je lui donnai la clef : elle n'eut le loisir de me faire aucune objection; car on vint aussitôt me prendre, et l'on me mit dans un carrosse avec trois mousquetaires.

II.

La Bastille.

Il était sept heures du soir. Je me doutai alors
que la route ne serait pas longue, et qu'on me menait à la Bastille. J'y arrivai en effet. On me fit des-
cendre au bout d'un petit pont, où le gouverneur
me vint prendre. Après que je fus entrée, l'on me
tint quelque temps derrière une porte, parce qu'il
arrivait quelqu'un des nôtres, qu'on ne voulait
pas me laisser voir. Je ne comprenais rien à
toutes ces rubriques. Ceux-ci, placés dans leurs
niches, le gouverneur vint me chercher, et me
mena dans la mienne. Je passai encore des ponts,
où l'on entendait des bruits de chaînes, dont
l'harmonie est désagréable. Enfin j'arrivai dans
une grande chambre, où il n'y avait que les
quatre murailles fort sales, et toutes charbonnées
par le désœuvrement de mes prédécesseurs. Elle
était si dégarnie de meubles, qu'on alla chercher
une petite chaise de paille pour m'asseoir, deux
pierres pour soutenir un fagot qu'on alluma; et
on attacha proprement un petit bout de chandelle
au mur pour m'éclairer. Toutes ces commodités
m'ayant été procurées, le gouverneur se retira, et
j'entendis refermer sur moi cinq ou six serrures,
et le double de verrous.

Me voilà donc seule vis-à-vis de mon fagot, incertaine si j'aurais cette fille qui devait m'être une société et un grand secours; plus en peine encore du parti qu'elle aurait pris sur l'ordre non réfléchi que je lui avais donné, dont je vis alors toutes les conséquences. Je passai environ une heure dans cette inquiétude, et ce fut la plus pénible de toutes celles qui s'écoulèrent pendant ma prison.

Enfin, je vis reparaître le gouverneur qui m'amenait Mlle Rondel. Elle lui demanda, d'un air fort délibéré, si nous coucherions sur le plancher. Il lui répondit d'un ton goguenard assez déplacé, et nous laissa. Dès que je fus seule avec elle, je lui demandai qu'étaient devenus mes papiers. Elle me dit qu'elle avait ouvert la cassette; et que, l'en ayant trouvée toute pleine, sans que je lui en eusse désigné aucun dont il fallût principalement se défaire, elle avait jugé qu'elle n'aurait jamais le loisir de tout brûler, et moins encore le moyen d'empêcher que les cendres ne déposassent contre elle et contre moi; qu'au surplus elle avait pensé qu'après la visite faite dans ma chambre on n'y reviendrait pas; qu'elle avait donc pris le parti de refermer la cassette, et de la remettre dans l'endroit obscur qui l'avait dérobée aux premières recherches. Elle me rendit ma clef. Je louai sa prudence, qui avait réparé une étourderie de ma part, dont les suites pouvaient être fâcheuses.

Nous nous entretenions paisiblement, lorsque nous entendîmes rouvrir nos portes avec fracas : cela ne se peut faire autrement. On nous fit passer dans une chambre, vis-à-vis de la nôtre, sans nous en rendre raison. On ne s'explique point en ce lieu-là ; et tous les gens qui vous abordent ont une physionomie si resserrée, qu'on ne s'avise pas de leur faire la moindre question.

Nous fûmes barricadées dans cette chambre, aussi soigneusement que nous l'avions été dans l'autre. A peine y étions-nous renfermées, que je fus frappée d'un bruit qui me sembla tout à fait inouï. J'écoutai assez longtemps pour démêler ce que ce pouvait être. N'y comprenant rien, et voyant qu'il continuait sans interruption, je demandai à Rondel ce qu'elle en pensait. Elle ne savait que répondre : mais s'apercevant que j'en étais inquiète, elle me dit que cela venait de l'Arsenal, dont nous n'étions pas loin ; que c'était peut-être quelque machine pour préparer le salpêtre. Je l'assurai qu'elle se trompait, que ce bruit était plus près qu'elle ne croyait, et très-extraordinaire. Rien pourtant de plus commun. Je découvris par la suite que cette machine, que j'avais apparemment cru destinée à nous mettre en poussière, n'était autre que le tourne-broche, que nous entendions d'autant mieux que la chambre où l'on venait de nous transférer était au-dessus de la cuisine.

La nuit s'avançait, et nous ne voyions ni lit ni souper. On vint nous retirer de cette chambre, où je me déplaisais fort, n'étant pas sortie de mon erreur sur le bruit qui continuait toujours. Nous retournâmes dans la première. J'y trouvai un petit lit assez propre, un fauteuil, deux chaises, une table, une jatte, un pot à l'eau, et une espèce de grabat pour coucher Rondel. Elle le trouva maussade, et s'en plaignit. On lui dit que c'étaient les lits du roi, et qu'il fallait s'en contenter. Point de réplique. On s'en va; l'on nous enferme.

Ce simple nécessaire, quand on a craint de ne l'avoir pas, cause plus de joie que n'en peut donner la plus somptueuse magnificence à ceux qui ne manquent de rien. J'étais donc fort aise de me voir un lit. Je n'aurais pas été fâchée d'avoir aussi un souper. Il était onze heures du soir, et rien ne paraissait. Je me souvins alors de l'exhortation de mon mousquetaire pour me faire dîner, et je crus qu'instruit des us et coutumes du lieu, il savait qu'on n'y soupait pas. La faim, qui chasse le loup hors du bois, me pressait; mais je ne voyais pas d'issue. Enfin le souper arriva, mais fort tard. Les embarras du jour avaient causé ce dérangement,

et je ne fus pas moins surprise le lendemain de le
voir arriver à six heures du soir, que je l'avais été
ce jour-là de l'attendre si longtemps.

Je soupai, je me couchai; l'accablement m'aurait fait dormir, si la petite cloche, que la sentinelle sonne à tous les quarts d'heure, pour faire
voir qu'elle ne dort pas, n'avait interrompu mon
sommeil chaque fois. Je trouvai cette règle
cruelle, d'éveiller à tous moments de pauvres prisonniers pour les assurer qu'on veille, non pas à
leur sûreté, mais à leur captivité, et c'est à quoi
j'eus plus de peine à m'accoutumer.

M. de Launay, gouverneur de notre château,
venait d'être installé dans sa place, quand nous y
arrivâmes. Son prédécesseur, M. de Bernaville,
était mort la veille. Celui-ci était son parent et
son élève, qu'il avait parfaitement façonné à
toutes les pratiques de la geôle. Il vint me voir le
lendemain de mon entrée. Comme j'avais remarqué qu'il affectait le ton plaisant, je le pris avec
lui : il me trouva tout apprivoisée. Je lui demandai des livres et des cartes à jouer. Il m'envoya quelques tomes dépareillés de *Cléopâtre*. Je
m'en aidai en attendant mieux, et je jouai au pi-
quet avec Rondel. Elle me racontait tout ce qu'elle
avait vu et ouï dire le jour qu'on nous avait arrê-
tées, avant qu'elle fût renfermée avec moi. Quand
elle avait tout dit, je lui faisais recommencer, et

lui demandais sans fin ce qu'elle ne pouvait savoir. J'étais curieuse principalement d'apprendre quels étaient tous les compagnons de notre infortune. Elle me dit tous ceux qu'elle avait vu arrêter en même temps que moi à notre petit hôtel du Maine. Il nous en restait bien d'autres à connaître. Nous aurons, dit-elle, une belle occasion de les découvrir dimanche à la chapelle, et je vous promets que je remarquerai bien tout. Nous ne savions pas alors qu'on ne s'embarrasse guère de faire pratiquer aux prisonniers les devoirs de la religion. Ce fut une distinction qu'on m'accorda de me faire entendre la messe les fêtes et les dimanches. Mais je n'y gagnai rien pour les découvertes que j'en attendais : on me cacha sous un pavillon où je ne pouvais rien voir, ni être vue de personne.

On prend tant de précautions pour qu'un prisonnier n'en puisse apercevoir un autre, que le gouverneur me dit qu'il ne pouvait se dispenser de faire mettre du papier à mes fenêtres qui donnaient sur la cour intérieure du château. Je lui représentai que c'était une peine inutile pour une aveugle comme moi. Il avait remarqué qu'en effet je ne voyais guère, et se rendit, sans songer que je me servirais des yeux de ma compagne. C'est ce que je fis. Elle passait la plus grande partie du jour à regarder au travers des vitres, placée de façon qu'on ne la pouvait voir, et que rien cependant ne lui échappait.

MM. d'Argenson et Le Blanc, chargés de notre affaire, venaient interroger les prisonniers. Nous les voyions passer la cour, et se rendre dans une salle au-dessous de ma chambre. Le feu qu'on y allumait lorsqu'ils devaient venir, rendait de la fumée chez moi, et me donnait d'avance un indice de leur arrivée. Il n'y a point d'observateurs plus attentifs que des gens en prison. Le grand loisir, le peu de distraction, le vif intérêt les livrent tout entiers à cet exercice. Rien qu'ils ne fassent pour découvrir la plus petite chose.

Nos juges venaient souvent accompagnés de l'abbé Dubois; et pour lors, on croyait voir Minos, Eaque et Rhadamanthe. Nous observions ceux qu'on menait subir leur interrogatoire, où l'abbé ne se trouvait pas. Je me prosternais sur mon plancher pour tâcher d'en attraper quelques mots: cela était pourtant impossible. Aucun son articulé n'arrivait jusqu'à nous. On pouvait tout au plus entendre un murmure confus, des éclats de voix, et discerner la chaleur ou la tranquillité du colloque. Malgré l'insuffisance de pareilles découvertes, nous nous y portions toujours avec la même ardeur.

Cependant j'attendais avec inquiétude le moment où la scène me serait personnelle. Je préparais des réponses à tout ce que j'imaginais qu'on me pourrait dire. J'en avais rassemblé de quoi faire un volume. Aucune ne me servit. Et j'aurais pu dire, quand on m'interrogea :

J'avais réponse à tout, hormis à *Qui va là ?*

Ce ne fut pas sitôt que mon tour vint. Bien d'autres passèrent avant moi. Quand M. le marquis de Boisdavis fut appelé, ils lui demandèrent en quels lieux et comment il avait formé de si étroites liaisons avec le duc du Maine. « Je ne l'ai jamais vu, leur dit-il, non plus que Son Altesse Royale.—Comment donc, reprit le ministre, vous êtes-vous absolument dévoué aux intérêts de ce prince, au préjudice du régent? — Comme on s'affectionne, sans savoir pourquoi, répondit Boisdavis, pour un joueur plutôt que pour l'autre. » Ils n'en tirèrent rien de plus, quoiqu'on eût fait venir à grands frais, du fond de sa province, tous les papiers de sa maison.

Le peu de précautions que j'avais prises en partant, tout occupée d'autre chose que de ce qui pouvait m'être nécessaire, fit qu'au bout de quelques jours je me trouvai manquant de tout. Je n'avais que la cornette qui était sur ma tête, et pas plus de chemises qu'une héroïne de roman enlevée, sans avoir, comme elle, *la cassette aux pierreries*. Je ne trouvai de ressource que dans l'industrie de la pauvre Rondel, qui fit la lessive de tout mon linge dans une jatte à laver les mains. Je me coiffai, pendant cette expédition, d'un mouchoir blanc qui m'était resté. Ce fut dans cet extrême négligé que je reçus la première visite du lieutenant de roi de notre château. Il n'y a point de situation où une femme ne sente le déplaisir de se présenter avec désavantage à quelqu'un qui ne l'a jamais vue.

Ce lieutenant de roi, nommé M. de Maison-rouge, tout nouvellement dans cette place, ci-devant capitaine-major de cavalerie, n'avait jamais vu que son régiment. C'était un bon et franc militaire, plein de vertus naturelles, qu'un peu de brusquerie et de rusticité accompagnaient et ne défiguraient pas. Il n'avait voulu voir ni Mlle de Montauban ni moi, disant au gouverneur, quand il lui proposa de nous rendre visite : « Que voulez-vous que j'aille dire à ces péronnelles, qui ne feront que crier et pleurer? » Il l'assura que nous n'étions point si désolées. Il se résolut à nous voir. Il vint donc chez moi; et, pour me tenir un discours consolant, il me dit que je ne devais pas m'inquiéter de ma situation; que si Mme la duchesse du Maine avait eu des torts, je n'en serais jamais responsable; qu'on m'excuserait sur la nécessité où j'avais été de lui obéir. Un tel propos me fut suspect; et je ne doutai presque point que cet homme, que je ne connaissais pas alors, ne vînt me tendre un piége. Je lui dis que je ne fondais pas ma sécurité sur ce qui m'était personnel; mais qu'étant persuadée qu'on ne trouverait rien contre Mme la duchesse du Maine, je ne pouvais appréhender que ses fautes rejaillissent sur moi; que si elle en eût fait où j'eusse participé, je ne me croirais pas disculpée par des commandements auxquels on ne doit jamais se soumettre. Étonné d'entendre raisonner si tranquillement quelqu'un qu'il avait cru trouver dans les excès du désespoir, il se prit d'affection pour moi dès ce premier moment, et s'accoutuma à me voir très-souvent.

Au fort de la disette où je me voyais de toutes choses, le gouverneur vint chez moi, suivi d'un ballot de toutes mes nippes, avec une bourse pleine d'or. Je n'aurais su d'où venait cet utile secours, si je n'avais reconnu la bourse que j'avais faite et donnée autrefois à M. de Valincourt[1]. C'était lui qui, sans craindre de m'avouer dans un temps où mes amis n'osaient me connaître, et qui, plus obligé que personne à garder des mesures par rapport à son maître, alla d'abord demander aux ministres non-seulement de me rendre ce service, mais encore la liberté de m'envoyer toutes les semaines une feuille de pa-

---

1. Valincourt avait été précepteur du comte de Toulouse, frère du duc du Maine, et, suivant l'usage, était resté dans la maison de son élève.

pier ouverte, contenant plusieurs demandes sur les choses dont je pouvais avoir besoin. Elle avait une grande marge, sur laquelle, suivant la permission qu'il m'en avait obtenue, je répondais par monosyllabes à chaque article, en présence du gouverneur, qui me l'apportait et la lui renvoyait. Cet heureux secours ne me manqua point, depuis le moment qu'il fut accordé jusqu'à celui où je fus remise en liberté; et M. de Valincourt ne se rebuta pas d'entrer dans les plus petits détails de tout ce qui m'était nécessaire ou simplement agréable, sans oublier même ce qui regardait ma femme de chambre. Il ne négligea pas non plus de faire retirer et mettre chez lui des meubles, qui auraient été perdus dans cette maison de louage, rendue aussitôt après qu'on nous y eut arrêtés. Des attentions si suivies en des choses si peu éclatantes, portaient le caractère d'une vraie amitié, dont le soin actif me rendait tout ce que j'aurais pu attendre de moi-même en pleine liberté.

Soulagée ainsi des plus grandes peines de mon état, j'en aurais goûté le repos, s'il n'eût été troublé par une funeste pensée qui m'assiégeait continuellement. Quelques jours avant que je fusse à la Bastille, l'abbé de Chaulieu m'avait conté, à l'occasion de tous les gens qu'on y mettait, des histoires effrayantes de ce qui s'y pas-

sait, entre autres, celle d'une femme de condition
à qui autrefois on avait donné la question, sans
lui faire son procès, et si rudement, qu'elle en
était demeurée estropiée toute sa vie. Il prétendait
que ce moyen y était souvent employé sans aucune formalité, et que l'exécution s'en faisait par
les valets de la maison. Cette opinion, qu'il m'a-
vait mise dans l'esprit, avait de quoi m'alarmer.
Je passais pour instruite du secret de l'affaire. J'é-
tais sans doute supposée aussi faible que les
femmes ont coutume de l'être, d'ailleurs un personnage peu important. Il y avait toute apparence
que, si l'on tentait cette voie, le choix tomberait
sur moi. Frappée de cette idée, j'avais un extrême
désir d'en éclaircir les fondements; mais je ne savais comment m'y prendre. Je hasardai, un jour
que j'étais avec notre lieutenant de roi, d'amener
la conversation sur plusieurs choses que j'avais
ouï dire, qui se faisaient à la Bastille. Il les traita
la plupart de contes puérils. Enfin, baissant le
ton, comme on fait ordinairement quand on est
embarrassé, je lui dis qu'on prétendait qu'on y
donnait quelquefois la question sans forme de
procès. Il ne me répondit rien. Nous nous promenions dans ma chambre pendant cet entretien. Il
fit encore un tour, et s'en alla assez brusquement.
Je demeurai tout éperdue, et plus persuadée que
jamais du sinistre traitement qu'on me destinait.

Je crus que notre homme en était informé, et que cette connaissance lui avait fermé la bouche, ne voulant ni prévariquer dans son ministère, ni avancer par la prévoyance le mal que je devais subir. Je continuai de me promener à grands pas, faisant sur ce sujet de profondes réflexions. Je n'avais à cœur que de bien faire, et je ne me souciais ni de souffrir ni de mourir; mais je craignais ce que peut, contre les résolutions les plus fortes, l'excès de la douleur, et je n'osais me répondre de moi dans un cas où je n'avais pas ma propre expérience pour garant. J'en appelai d'étrangères à mon secours. Pourquoi ne ferais-je pas, me disais-je, ce que d'autres ont fait? On souffre des opérations affreuses pour sauver sa vie. Que fait la douleur? Elle arrache des cris, et ne peut vous forcer d'articuler des paroles. Après cet examen je me tranquillisai, et j'espérai de moi, soutenue par de puissants motifs, ce qui n'était pas au-dessus des forces de la nature. Je m'aperçus par la suite que notre lieutenant était sourd d'une oreille; et, me ressouvenant que j'avais adressé mon interrogation de ce mauvais côté, je ris de la vaine frayeur que son apparente circonspection m'avait causée.

Je n'en étais pas encore délivrée lorsque je fus appelée pour être interrogée par nos commissaires. Je pris la précaution de mettre un peu de rouge

que j'avais dans ma poche, quoique je ne m'en
servisse jamais, pour dérober, autant qu'il me serait possible, l'altération de mon visage propre à
me déceler. Il y avait déjà trois semaines que j'é-
tais en prison quand ces messieurs me parlèrent.
Le garde des sceaux, avec son air sévère, me dit
de m'asseoir, ensuite d'ôter mon gant. J'ôtai celui
de la main gauche, ne sachant de quoi il s'agissait. Il me dit de l'ôter de la droite, et de la lever.
Je fis tout ce qu'il voulut, bien résolue de ne lui
dire que ce qui me plairait.

Il me demanda en quels lieux et de quelle manière j'avais passé ma vie. Je lui dis que j'avais
été en couvent depuis ma naissance, jusqu'à ce
que je fusse chez Mme la duchesse du Maine. Mon
histoire fut courte. Ensuite il me dit que cette
princesse avait une grande confiance en moi. Je
répondis que mon sexe, et la place que j'occupais
auprès d'elle ne comportaient pas cette grande
confiance. On me répliqua que j'étais une partie
des nuits avec Mme la duchesse du Maine, et l'on
s'informa à quoi se passait ce temps-là. Je dis que
c'était à faire une lecture pour l'endormir. M. Le
Blanc dit qu'il n'était pas vraisemblable que cette
lecture ne fût souvent interrompue : j'en convins.
« Et par quels propos? reprit-il. — C'était ordinairement, lui dis-je, sur le sujet de la lecture.
— Mme la duchesse du Maine, reprit encore M. Le

Blanc, a l'esprit trop vif pour traiter longtemps la même matière, sans y en mêler d'autres. — Aussi le faisait-elle, répondis-je; et ses discours étaient si divers, qu'il ne me serait pas possible de m'en souvenir. » On ajouta : « Vous étiez secrétaire de Mme la duchesse du Maine. » Je dis que je n'en avais jamais porté le titre, ni exercé la fonction; qu'à la vérité, je prenais soin de ses livres, et que je me mêlais de petites discussions qui avaient rapport à cet emploi. On m'allégua que j'avais souvent écrit au bibliothécaire de la bibliothèque du roi. Je dis que Mme la duchesse du Maine, dans le temps qu'elle faisait des écrits sur son affaire des rangs, ayant eu besoin de plusieurs livres qu'elle faisait demander à la bibliothèque, elle m'avait chargée de ce soin. Après cela, il me fut dit qu'on avait en main beaucoup de lettres que j'avais écrites à un abbé. J'hésitai quelques moments à répondre, ne pouvant me remettre ce que c'était que ces lettres.

Enfin, rappelant mon souvenir, je dis qu'apparemment elles étaient à un abbé Le Camus, qui avait offert ses services à Mme la duchesse du Maine, pour écrire sur la contestation des rangs; que l'incapacité du personnage l'avait réduite à n'accepter de sa part que des recherches qui avaient rapport à la matière dont il s'agissait; qu'elle lui avait dit de me les communiquer; et que cette commission avait fourni, pendant un temps, nouvelle occasion chaque jour à l'abbé Le Camus de m'écrire pour m'envoyer ses remarques; que Mme la duchesse du Maine, touchée de ses soins, tout inutiles qu'ils étaient, m'avait ordonné de lui témoigner de fois à autre qu'elle lui en était obligée.

Les lettres mêmes, ajoutai-je, font foi qu'il n'était pas question d'autre chose. On m'objecta qu'il y était fait mention de la *constitution*. Je répondis que je ne m'étais jamais occupée de matières que je n'entendais point, et qui étaient si peu de ma compétence. On me dit ensuite qu'on avait trouvé un papier déchiré dans la chambre de Mme la duchesse du Maine, le jour qu'on l'avait arrêtée; et qu'il fallait que ce fût moi qui l'eût déchiré. Cela n'était pas, je l'affirmai. Puis l'on me demanda si elle avait su qu'elle dût être arrêtée. Je dis qu'il en avait couru des bruits qui avaient été jusqu'à elle; mais qu'il ne m'avait pas paru qu'elle y eût fait grande attention.

Je croyais toujours qu'on m'allait dire des choses plus embarrassantes, et que c'était pour me dépayser qu'on m'entretenait de ces bagatelles. J'y fus trompée. On ne me dit pour lors rien de plus important.

M. Le Blanc sortit pour faire avertir quelque autre prisonnier qu'il voulait voir. M. d'Argenson, seul avec moi, me demanda fort gracieusement si j'étais bien traitée, et me fit voir que c'était son intention ; d'où je jugeai que je lui avais été recommandée de bonne part. En effet, la marquise de Lambert avait témoigné à une personne qui avait beaucoup de crédit sur lui, de ses amies à elle, tout l'intérêt qu'elle prenait à moi.

Je fus assez contente de la façon dont je m'étais tirée de cette première occasion sans paraître embarrassée ni intimidée, n'ayant dit que ce que je voulais dire, et ne m'étant presque pas écartée du vrai, dans lequel il me semble que l'esprit, forcé à quelque détour, rentre aussi naturellement que le corps qui circule rattrape la ligne droite. Je crus pouvoir me répondre que je soutiendrais bien mon rôle jusqu'au bout. Comme il n'y avait que ma conduite qui pût dépendre de moi, et que d'ailleurs je savais que les princes se tirent toujours d'affaires, je cessai de m'agiter. Je fus pourtant extrêmement touchée quand j'appris que Mᵐᵉ la duchesse du Maine était renfermée dans la citadelle de Dijon ; mais, hors quelques circonstances affligeantes que je découvrais de temps en temps, ma vie était douce et tranquille ; j'y trouvais même plus de liberté que je n'en avais perdu. Il est vrai qu'en prison l'on ne fait pas sa volonté ; mais aussi l'on n'y fait point celle d'autrui. C'est au moins la moitié de gagné. L'éloignement de

toutes sortes d'objets y écarte les désirs, ou l'impossibilité d'en satisfaire aucun les étouffe dès leur
naissance. Il n'en est pas de même dans la servitude : tout s'y offre et se refuse en même temps à
nos souhaits. Là encore on est exempt des assujet-
tissements, des devoirs, des égards de la société;
et, à tout prendre, c'est peut-être le lieu où l'on
est le plus libre. Il me sembla du moins alors que
ce paradoxe pouvait se soutenir par des raisons
assez plausibles.

Je ne sentis point en prison l'ennui qu'on y re-
doute principalement. Ce sentiment, si c'en est
un, et que ce ne soit pas plutôt leur entière
privation, incompatible avec les troubles et les
inquiétudes qui s'emparèrent de moi dans les
premiers temps, ne put d'abord me saisir. Je
m'en garantis, quand je fus plus calme, par les
occupations que je me fis, et par tous les amusements qui se présentèrent à moi, que j'avais soin
de recueillir. Ce n'est pas l'importance des choses
qui nous les rend précieuses, c'est le besoin que
nous en avons. Je fus étonnée du parti que je tirai d'une chatte que j'avais demandée simplement
dans l'intention de me délivrer des souris dont
j'étais persécutée. Cette chatte était pleine; elle fit
des petits chats, et ceux-ci en firent d'autres.
J'eus le loisir d'en voir plusieurs générations.
Cette jolie famille faisait des jeux et des danses

devant moi, dont je me divertissais fort bien, quoique je n'aie jamais aimé aucune sorte de bêtes.

Je pris aussi un goût qui m'était tout nouveau pour le jeu et pour l'ouvrage. Toutes ces choses, mises à leur place, me délassaient des lectures sérieuses dont je faisais ma principale occupation. Cette expérience m'apprit que ce qui rend les divertissements les plus vifs insipides pour les gens dont la vie en est uniquement remplie, c'est qu'ils perdent leur véritable fonction, qui est de reposer le corps ou l'esprit fatigué du travail. Elle m'a fait penser aussi que chaque état a ses plaisirs, même celui de la vieillesse et de l'infirmité. Il n'y en a point qui fasse naître tant de besoins : leur soulagement a plus de délices, que la jouissance des biens qu'une espèce de nécessité n'a pas précédée. Cette réflexion est propre à diminuer la crainte des situations fâcheuses où l'on peut tomber. On les envisage, comme on fait l'habitation de la zone torride, qui semble insoutenable, parce qu'on ne considère que l'excessive chaleur qu'il y doit faire, sans songer aux vents et aux pluies qui la tempèrent.

Il y avait plus de trois mois que j'étais dans cette paisible demeure, lorsque, sur la fin du carême, le gouverneur me demanda si je voulais faire mes pâques. Je m'informai s'il me serait permis d'avoir un confesseur à mon choix. On me dit

que non, qu'il fallait se contenter du chapelain de
la maison, ou ne se point confesser. Tous les officiers m'en étaient tellement suspects, que je fus
tentée de remettre ce devoir à un temps plus op-
portun. Cependant, joignant à la nécessité de le
remplir, des réflexions sur la mauvaise grâce de
s'en dispenser, craignant même que le régent, qui
entrait dans les moindres détails de notre conduite, n'en tirât des inductions fâcheuses, je me
déterminai à tout risque, de faire cette confession. Comme j'avais diverses choses à rappeler
dans mon souvenir qui pouvaient se confondre,
je demandai au gouverneur du papier pour les
mettre en ordre et ne les pas oublier. Il me dit
qu'il ne laissait rien écrire chez lui qu'il n'en fît
la lecture; qu'il me donnerait, à cette condition,
ce que je lui demandais. Cette méchante plaisanterie ne servit qu'à me convaincre de son excessive défiance, lorsque, l'ayant prié, jusqu'à me
mettre à genoux devant lui, d'écrire lui-même à
Mme de Grieu ce que je dicterais, pour la tirer de
l'horrible inquiétude où elle était de mon sort, il
avait été inflexible à toutes mes instances, craignant un sens caché sous les choses simples qu'il
aurait écrites de sa propre main.

Je m'en fiai donc à ma mémoire de l'exactitude
de ma confession. Jamais soupçon ne fut plus in-
juste que celui que j'avais eu de notre chapelain.

Je trouvai en lui le meilleur homme du monde,
simple et compatissant, plus disposé à plaindre
mes malheurs qu'à me reprendre de mes fautes.
Je fus fort aise d'avoir rencontré si heureusement,
et surmonté la vaine frayeur qui voulait l'em-
porter sur un précepte et sur une bienséance indispensables.

La bonne foi, inséparable de mes actions, et la
volonté que j'ai toujours eue de ne rien faire que
le mieux qui m'est possible, me rappelèrent dans
cette conjoncture à la dévotion. Tout le tracas des
intrigues politiques, les passions qui s'y mêlent,
et la dissipation du monde, m'avaient infiniment
distraite. Ce nouveau secours fixa la tranquillité
dont je jouissais déjà. Aussi vis-je sans émotion
bien des choses qui auraient dû me troubler.

Le comte de L..., au grand étonnement de tout
le monde, qui le regardait comme un des principaux chefs de l'entreprise, était demeuré en liberté. Je ne doutais pas qu'il n'eût été arrêté en
même temps que nous ; et je demandais souvent
à Rondel, qui ne le connaissait point, si elle ne
voyait pas un grand homme sec avec une mentonnière noire, qu'il portait depuis que, pour fruit de
la guerre, il avait eu la mâchoire fracassée. Enfin,
elle le vit arriver dans le temps dont je parle, et
s'écria : « Ah ! voilà l'homme à la mentonnière. »
J'avais plus traité avec lui qu'avec aucun autre :

et quoique je me fiasse aux paroles que nous nous étions données, j'aurais mieux aimé le savoir bien loin que si près.

La prise du comte de L... servit de moyen pour embarrasser le marquis de Pompadour, qu'on voulait absolument faire parler, et qui jusque-là s'était obstiné à se taire. On lui produisit, sur le pied d'aveux faits par le comte, des choses qu'il n'avait dites qu'à lui, lesquelles sans doute avaient été ou simplement conjecturées, ou révélées par quelques confidents indiscrets à qui M. de L... pouvait les avoir dites avant que d'être arrêté; car, depuis qu'il le fut, on ne put rien tirer de lui. Cependant M. de Pompadour, qui n'était pas ferré à glace, menacé d'une confrontation avec le comte, chancela dans ses réponses. Nos ministres, le voyant ébranlé, dressèrent une nouvelle batterie pour l'atterrer. Maisonrouge, lieutenant de roi, s'était fort attaché à lui. M. Le Blanc le prit un jour en particulier, et lui dit, en grande confidence, qu'il s'intéressait à M. de Pompadour, et qu'il était au désespoir du mauvais tour que prenait son affaire; qu'on allait lui faire son procès, et qu'il aurait la tête tranchée, à moins qu'il ne prévînt son malheur par un sincère aveu de tout ce qui s'était passé, dont on voulait l'entière déclaration écrite de sa main; que M. le duc d'Orléans aurait besoin d'une telle pièce pour justifier ses démarches, et que c'était le seul moyen d'empêcher qu'il n'abandonnât à la rigueur des lois les personnes compromises dans cette affaire. M. Le Blanc fit sentir au lieutenant de roi, qu'il ne lui confiait des choses d'un si profond secret qu'afin qu'il tâchât d'engager le marquis de Pompadour à prendre le seul parti qui pouvait le sauver. Ayant ainsi ému le bon cœur de Maisonrouge, sans craindre que les mouvements en fussent redressés par la finesse de ses lumières, il se promit le succès d'une négociation où il avait si bien trompé l'ambassadeur.

Le pauvre lieutenant, encore tout effrayé de ce qu'il venait d'entendre, courut chez M. de Pompadour, à qui il ne laissa rien ignorer de cette confidence, dont on s'était gardé de lui recommander le secret. Le marquis prit l'épouvante, et se résolut à tout ce qu'on voulait de lui. Il fit une confession générale, sans rien déguiser ni omettre. Il fit plus, quand on commence à glisser, on ne s'arrête qu'au bas de la pente. Il avait écrit que, lorsqu'il traitait de l'affaire présente avec Mme la duchesse du Maine, elle rompait la conversation dès que M. le duc du Maine paraissait. M. le garde des sceaux, blessé de ce qui tendait à justifier ce prince, dit à M. de Pompadour que ce n'était point l'apologie du duc du Maine qu'on lui demandait, et qu'il fallait rayer

cet article. Il le raya, et ne fit point sentir à
M. d'Argenson que c'était prévariquer dans son
ministère de ne pas recevoir également ce qui
était à charge et à décharge.

M. le duc d'Orléans, qui avait traité avec tant
de rigueur des gens si considérables, et fait un
si grand éclat dans le monde sur des fondements assez légers, ne songeait qu'à colorer sa
conduite aux yeux du public. Il était ravi d'avoir
en main l'écrit qu'on avait arraché au marquis
de Pompadour, et se flattait que la crainte ou
l'ennui lui fournirait de pareilles pièces de chacun de nous. Il aurait, disait-il, donné un million de celles que le chevalier de Menil avait jetées
au feu.

On accorda à M. de Pompadour, pour récom-
pense de sa sincérité, non la liberté qu'on lui avait
fait espérer, mais le divertissement de la promenade sur le bastion, où on le menait tous les
jours. J'eus peu de temps après la même faveur,
sans l'avoir aucunement méritée. On étendit cette
grâce à plusieurs des nôtres, qu'on promenait
bien accompagnés sur les tours du château, les
uns après les autres. J'avais, par distinction, la
dernière heure pour ma promenade, et notre lieutenant, qui s'affectionnait à moi de plus en plus,
s'était réservé de m'y conduire. Il m'annonça, le
dernier jour d'avril, en venant me prendre, que

M. Le Blanc avait apporté l'ordre de faire cesser toutes nos promenades le 1er mai.

La singularité du jour désigné pour nous renfermer, après nous avoir fait essuyer toutes les intempéries de l'air, me surprit, et me persuada qu'on avait voulu nous tourmenter, à titre de plaisir. Le lieutenant de roi m'expliqua que nos profonds politiques avaient pensé que, dans un temps où tout le monde se promène, les passants, et principalement ceux qui s'intéresseraient à quelques-uns de nous, viendraient les lorgner; qu'on pourrait leur faire des signes et en recevoir d'eux, et que cela serait d'une dangereuse conséquence.

« Hélas! monsieur, lui dis-je, on aurait beau me lorgner de près, comme de loin, je n'en verrais rien. Quand cet accident m'est arrivé, il a toujours fallu m'en avertir. Et où serait ici l'avertisseur? » En tenant ces propos, nous nous acheminions vers le jardin du bastion, où je dis en entrant, comme Phèdre :

Soleil, je te viens voir pour la dernière fois.

Il arriva, peu après, un incident qui aurait pu me causer plus de chagrin que je n'en eus de cette privation. Je vis un beau matin (il y avait alors quatre mois que nous étions en prison) sortir de notre château trois personnes de celles qui avaient été prises en même temps que moi. C'était Mlle de

Montauban, M. de Malesieu le fils et M. Barjeton. Le gouverneur, qui se douta que je m'en serais aperçue, ne crut pas m'en devoir faire mystère ; et, persuadé que je serais désespérée de voir la délivrance des autres sans la mienne, il chercha des raisons pour me faire prendre cet événement en bonne part. Après m'avoir exhortée à ne me pas affliger, il me dit que c'était une marque qu'on me mettrait en liberté. Je répondis, à la première partie de son discours, que j'étais fort éloignée de me faire un surcroît de peine de la cessation du malheur de mes compagnons d'infortune ; que c'était plutôt un soulagement de n'avoir plus à m'inquiéter pour eux. Quant à ce qui regardait ses pronostics, je lui fis voir que je ne prenais point le change ; et qu'il était visible qu'après le triage qu'on venait de faire, ceux qu'on avait retenus le seraient pour longtemps.

Je ne sais si ce fut pour nous consoler de cette aventure qu'on nous rendit la promenade. J'eus une faveur particulière dont je fus plus touchée. Notre lieutenant demanda à M. Le Blanc la permission de me donner de l'encre et du papier, simplement pour le barbouiller de mes idées. Il y consentit, à condition que les feuilles seraient cotées, et que je les rendrais par compte. Cela m'assujettit dans le choix des matières que j'aurais pu traiter. J'en pris une fort grave, pour qu'on n'y trouvât rien à redire. Ce furent des réflexions morales sur quelques passages de l'*Ecclésiaste*. Des distractions qui me survinrent m'empêchèrent de continuer cet écrit.

M. de Maisonrouge, débarrassé par la sortie de quelques-uns des nôtres, d'une partie de ses soins, les redoubla à mon égard. Il prenait, sans s'en apercevoir, le plus grand attachement que jamais personne ait eu pour moi. C'est le seul homme dont j'aie cru être véritablement aimée, quoiqu'il me soit arrivée, comme à toute femme, d'en trouver plusieurs qui m'aient marqué des sentiments. Celui-ci ne me disait pas un mot des siens, et je crois m'en être aperçue longtemps avant lui. Il était tellement occupé de moi qu'il ne parlait d'autre chose. J'étais l'unique sujet de son entretien avec tous les prisonniers à qui il rendait visite; et il croyait bonnement que c'étaient eux qui ne faisaient que lui parler de moi. Il revenait me voir, tout ravi de l'estime prétendue que je leur avais inspirée. « Cela est étonnant, me disait-il, à quel point on vous admire, et combien ici tout le monde s'intéresse à vous : on m'en parle sans cesse, et je ne puis aller nulle part que je n'entende vos louanges. » Cela devint vrai par la suite, quand on eut remarqué le plaisir extrême qu'il y prenait. La dépendance a fait naître la flatterie; les captifs l'emploient auprès de leurs geôliers, comme les sujets envers leurs souverains. Le faible de Maisonrouge découvert, les gens sous ses ordres songèrent à le gagner par là. Les uns m'envoyaient des rafraîchissements; les autres, des livres amusants; chacun, selon ce qu'il avait en main, m'offrait une espèce d'hommage qui passait toujours par lui.

III.

Le chevalier de Menil.

Le chevalier de Menil s'aida d'un rêve qu'il avait fait ou feint, pour faire sa cour à ce maître. Il lui dit un jour (ceci avait précédé quelques-unes des choses que j'ai racontées de suite pour n'en pas rompre le fil), il lui dit donc qu'il avait rêvé cette nuit précédente qu'on lui avait fait son procès (c'est bien un rêve de prisonnier), et qu'il avait été condamné à demeurer à perpétuité à la Bastille, mais en société avec moi, qui n'en devais non plus jamais sortir; que cette circonstance l'avait consolé de ce jugement rigoureux. Cela parut à Maisonrouge flatteur pour moi, de la part de quelqu'un qui ne m'avait jamais vue; et l'idée de me tenir toujours sous sa garde ne lui déplut pas. Il vint aussitôt me régaler de ce récit. Je ne sais pourquoi j'y fis plus attention qu'aux choses pareilles qu'il avait coutume de me dire. Quelques jours après, il alla voir de Menil qui avait pris médecine; et, dans sa conversation, ayant parlé de vers, il lui dit : « Vous en devriez faire pour divertir votre voisine. » Son logement était vis-à-vis du mien. « Eh! comment, lui dit-il, je n'ai ni papier, ni plume? — Qu'à cela ne tienne, lui dit le lieutenant, voilà un crayon et du papier; écrivez. » Il écrivit des vers faits à la hâte sur un chiffon que Maisonrouge m'apporta, charmé de me procurer ce nouveau divertissement; et, pour le rendre plus complet, il me dit : « Répondez en même style, je vous donnerai ce qu'il vous faudra. » Ce commencement d'aventure me plut extrêmement. Je sus le meilleur gré du monde au lieutenant de roi de sa complaisance. Je répondis donc en vers demi-marotiques, comme étaient ceux que j'avais reçus. A ma réponse en succéda une autre le lendemain, à laquelle on me fit encore répliquer. Maisonrouge, ne voyant rien dans ce badinage qui pût intéresser ni le roi, ni l'État, et s'apercevant que j'y prenais grand plaisir, nous exhorta de continuer, et nous en fûmes ravis. Notre poésie, tout informe qu'elle était, me gênant un peu, j'insinuai que la prose, comme plus facile, serait plus agréable. Le lieutenant y consentit avec la même bonté d'âme; et tous les jours il m'apportait une lettre ouverte, et reportait ma réponse. Nous mêlions de temps en temps quelques vers à la prose. Le tout ne contenait que de pures badineries.

Il faut être ou avoir été en prison pour connaître le prix d'un pareil amusement. Nos vers étaient des plus mauvais qui se fassent ; je les mettrai pourtant à la suite de ceci, avec une partie des lettres, pour conserver tout l'historique de cette bizarre aventure.

Ce commerce d'invisibles devenait galant de plus en plus. Je m'y prêtais sans façon et sans inquiétude. Cependant de Menil était fort curieux de m'entrevoir. Il le marquait de temps en temps dans ses lettres. Je lui soutenais que c'était le fin de notre aventure de ne nous être jamais vus ; qu'en perdant cet avantage, elle deviendrait commune, moins piquante, et notre commerce plus contraint. Malgré ces sages avis, il redoublait ses instances auprès du lieutenant pour obtenir une entrevue. Enfin, il nous montra l'un à l'autre, en nous plaçant chacun sur le pas de notre porte. Nous demeurâmes assez interdits (peut-être de ce qu'il nous fallait réciproquement rabattre de nos idées). Nous ne nous dîmes rien ; telle était la convention ; et, un moment après, nous disparûmes. Les lettres qui suivirent cette apparition se ressentirent du tort qu'elle nous avait fait. Je m'en aperçus. Cela fournit quelques nouvelles plaisanteries : nous avions épuisé tout ce qui se pouvait tirer de notre première situation.

Les prisonniers ne sont pas gens à se rebuter

aisément. Le chevalier, croyant trouver plus de ressource dans un entretien que dans cette simple entrevue, dit au lieutenant de roi que la faveur qu'il nous avait faite était trop légère ; que ce n'était pas là se voir ; que, pour faire connaissance, il fallait se parler ; et enfin en arracha cette dernière condescendance. Le lieutenant de roi l'amena un soir chez moi.

J'étais couchée ; et, pour ne pas gêner la conversation, il le laissa au chevet de mon lit, et s'amusa à quelques pas de là à entretenir Mlle Rondel. Nouvel embarras se jeta entre nous. Le chevalier, comme Tonquin d'Armorique, qui, quand il eut trouvé sa mie, ne savait bonnement que lui dire, ne sut aussi de quoi me parler. Nous tînmes pourtant quelques propos communs. Nous n'eûmes pas lieu d'être plus contents l'un de l'autre, en avançant chemin, que nous ne l'avions été de la première démarche. Maisonrouge, s'apercevant que notre conversation ne faisait que traîner, la vint relever : elle se soutint un peu mieux avec lui. Le tout ensemble fut si court, que véritablement nous n'avions guère eu que le loisir de nous reconnaître.

Nous en demeurâmes là. Pour lors nous nous écrivions toujours ; mais ce passe-temps commençait à perdre la grâce de la nouveauté ; et le peu que nous nous étions vus lui ôtait l'aisance et la familiarité, qui en faisaient le principal agrément,

sans rien mettre encore à la place. J'employai,
pour le suspendre, un prétexte qui se présenta.
Je mandai au chevalier de Menil que j'allais me
mettre en retraite, pour me préparer à la fête
(c'était celle de la Pentecôte, que mon retour à la
dévotion me donnait envie de bien célébrer); et je
trouvai que l'écriture était une grande distraction
pour des reclus. Le tumulte du monde n'en donne
peut-être pas tant à ceux qui sont tout au travers.

Le chevalier de Menil prit les raisons de ma
retraite pour bonnes, et ne traversa point mon
dessein, soit qu'il en respectât les motifs, soit qu'il
fût à bout d'écritures. Pour moi, qui m'en croyais
lasse, j'en sentis bientôt la privation. Le vide
qu'elle mettait à la place d'un amusement que les
circonstances avaient rendu assez vif, me fit voir
que j'y tenais bien plus que je ne l'avais imaginé.
Je me sentis extrêmement piquée du peu de résistance qui avait été fait à ma proposition; et ce
sentiment, disproportionné à sa cause, m'en fit
craindre un plus sérieux. Cette appréhension,
jointe à mon dépit, m'aida à soutenir la gageure.
Le fidèle Maisonrouge me restait plus assidu,
plus attaché, et moins avancé que jamais.

C'est le sort d'une ardeur trop fidèle et trop
pure de trouver toujours des ingrats. Il me fit une
espèce de déclaration assez ingénieuse et point
méditée. Mᵐᵉ de Réal, la plus intime de mes

amies (c'était Mlle de Grieu , mariée peu avant ma prison), le venait voir souvent pour apprendre de mes nouvelles. Il me dit un jour , sortant d'avec elle, qu'elle lui avait demandé s'il avait quelque soin de moi, et qu'il lui avait répondu : « Eh ! comment n'en aurais-je pas soin, madame, tout le monde dit que j'en suis amoureux? — Plût à Dieu, monsieur! » répondit-elle. La naïveté de ce souhait me fit rire , sans que je marquasse d'attention au fond de la chose , dont il ne s'expliqua jamais plus clairement ; mais toute sa conduite en faisait preuve. Une attention sans relâche, une complaisance sans bornes, un soin perpétuel de me satisfaire, sans aucun égard pour lui-même ; plus de désir de me contenter que de me plaire , tellement à moi qu'il semblait n'être plus à lui. Je n'ai vu dans le monde, ni même dans les romans, des sentiments aussi parfaits qu'étaient les siens ; sentiments qui ne se sont jamais démentis, et d'autant plus admirables , qu'ils n'étaient point l'ouvrage des raffinements de l'esprit, mais de la simple nature, qui semblait avoir voulu faire un cœur où il n'y eût rien à reprendre. La probité , l'honneur, toutes les vertus qui font l'honnête homme, lui étaient également naturelles ; et son esprit ni délié , ni orné , était véritablement droit et sensé.

Les fêtes qui avaient donné lieu à ma prétendue retraite étant passées, j'en sortis. Notre

lieutenant, pour m'en dédommager, amena le
lendemain matin le chevalier de Menil dans ma
chambre; et nous prîmes du thé ensemble, avec
un certain air de liberté. Il le remit dans la sienne
quelques moments après. Mais le chevalier, en
sortant de chez moi, laissa tomber adroitement
un billet. La gouvernante Rondel s'en aperçut, le
ramassa, et toute joyeuse vint me le donner. Elle
était ravie de tout ce qui pouvait me divertir. J'y
trouvai ces paroles énigmatiques :

« Le sage législateur, qui reconnaît avoir établi
une loi trop dure, doit en avouer la modification.
Le sujet soumis attend cet aveu avant que de se
permettre aucune transgression. Savoir si cette loi
demeurera éteinte pour toujours, ou si ce ne sera
que pour un temps. En ce dernier cas, la tranquillité du peuple ne souffre point de suspension. »

Cette continuation de notre aventure, sous une
nouvelle forme, me plut et m'entraîna dans une
démarche plus importante que celle qui l'avait
précédée. Je répondis à ce billet, je ne me souviens plus en quels termes, mais cela voulait dire:
« Parlez, on vous écoute. » Et cette réponse fut
rendue furtivement. Menil, encouragé par le con-
sentement que je paraissais donner à ses desseins,
les poussa plus loin. Il hasarda de s'introduire
dans ma chambre sans conducteur.

L'appartement du lieutenant était au-dessus du mien, où il entrait à toute heure ; et, pour plus de facilité, il laissait la clef à ma porte. Menil ayant, de force et d'adresse, ouvert la sienne, il ne lui fut pas difficile d'entrer chez moi. Il prit l'heure où le lieutenant de roi allait souper au gouvernement. C'était un corps de logis séparé du nôtre par deux cours, où le gouverneur demeurait.

A cette vue inopinée, je fus frappée du plus grand étonnement. La crainte, l'inquiétude, mêlées à la joie de ce que hasardait pour me voir quelqu'un qui commençait à me plaire, mirent une extrême confusion dans mes sentiments. Le plus agréable prit le dessus, écarta les autres ; et j'écoutai ce qu'on voulait m'apprendre. C'était la découverte d'un attachement sérieux, voilé jusqu'alors sous les badinages qui avaient pu passer jusqu'à moi. Pour donner quelque fondement à ces grands sentiments, dont je voulais douter, on alléguait une ancienne estime que ma réputation avait fait naître. Tout ce qui tend à nous persuader de notre propre mérite paraît du moins vraisemblable. Je n'examinai pas ceci à la rigueur. Disposée à croire que le chevalier de Menil me jugeait digne d'être aimée et m'aimait, je me laissai aller à cette persuasion. Tout occupée de ce qu'il me disait, à peine pris-je garde à mes réponses, songeant moins à lui cacher ou à lui montrer mes sentiments, qu'à me convaincre des siens.

Le pays que nous habitions abrége beaucoup les formalités. Partout ailleurs j'eusse été longtemps sans vouloir écouter, plus longtemps encore à répondre; mais, dans un lieu où, parvenus à se voir, on ne sait pas si l'on se reverra jamais, on dit en une heure ce que, hors de là, on n'eût pas dit peut-être dans le cours des années; et non-seulement on y parle, mais on y pense tout autrement qu'on ne ferait ailleurs.

Cette conversation si remplie ne fut pourtant pas longue. Nous étions avertis de l'entrée de nos maîtres dans la cour du château par un coup de pique que donnait la sentinelle. Il fut le signal pour nous séparer. Le lieutenant de roi vint, comme à son ordinaire, me donner le bon soir en rentrant chez lui, et fermer bien et dûment mes portes, dont les clefs, ainsi que toutes les autres, restaient la nuit dans sa chambre. Comme il n'était en aucune défiance, il ne remarqua pas l'air occupé que j'avais, ou l'attribua à la cause générale.

Quand je me vis seule, je me livrai à des réflexions sans fin sur ce qui venait de se passer. Je ressassai toute la conversation, pesai chaque mot, interprétai les mines et les airs, commentai les

sens suspendus, et je tirai du tout des conséquences à perte de vue. Arrivée au point où les
objets se troublent et se confondent par leur éloignement et leur multiplicité, je revenais sur mes
pas, et je trouvais dans la bizarrerie de notre
connaissance, dans ses suites singulières, tous les
présages d'un engagement qui pouvait aller loin.
Je n'en voulais pas prendre dont je pusse me repentir; et, malgré le penchant qui déjà m'entraî-
nait, aidée de l'avantage du lieu, je pris la résolution de rompre ce commerce devenu dangereux.

J'écrivis, dans cet esprit, une lettre au chevalier
de Menil, où je lui marquais que je m'étais prêtée
volontiers à tout ce qui ne m'avait paru qu'une
pure badinerie, mais qu'après s'être expliqué sur
un autre ton avec moi, je ne pouvais plus avoir
de relation avec lui, sans démentir la conduite de
toute ma vie, et les principes sur lesquels je
l'avais établie; que je ne voulais pas ajouter aux
malheurs où la fortune m'avait enveloppée ceux
où l'imprudence pourrait me précipiter, d'autant
plus sensibles que le reproche m'en appartiendrait
uniquement.

Il n'y avait peut-être pas un mot de ce que je
dis là dans ma lettre; mais c'en était à peu près
le sens. Elle donnait un congé absolu, de manière
pourtant à ne le point faire accepter : aussi ne le
fut-il pas. J'eus une réponse toute pleine de réso-

lution de surmonter la mienne. Menil ne s'en tint
pas à l'écriture. Il revint comme il avait fait la
veille. Je voulus le renvoyer, il s'obstina à rester,
employa toutes les protestations d'un attachement
sans bornes et sans fin, tel que je ne pourrais jamais le désapprouver, ni me repentir d'y répondre. J'insistai toujours sur la ferme résolution de
ne me jamais embarquer dans un commerce dangereux. Je dis que, plus il voulait me persuader
de la vérité de ses sentiments, plus il m'apprenait
à les craindre, et me contraignait à ne les pas
écouter. Tout ce qui se peut dire sans changer de ton fut dit de part et d'autre, quoique en
abrégé. Je finis en priant très-sérieusement M. de
Menil de ne plus tenter de me voir, et de renoncer à toute relation directe avec moi, ne voulant point courir les risques que notre situation
ajouterait aux dangers propres de ces sortes de
liaisons.

Il me quitta avec toutes les apparences d'une
extrême douleur, soumise néanmoins à mon expresse volonté. J'étais fort contente d'une si belle
défense de ma part, qui ne laissait pas de me
coûter beaucoup. Je perdais l'amusement de ma
solitude, et toutes les ressources que me présen-
taient des sentiments propres à m'occuper. Il n'y
avait plus moyen de revenir à ce commerce fri-
vole, dépourvu alors de toutes ses grâces, et d'ail-

leurs épuisé. Mais Menil ne fut pas si facile à conduire que je l'avais pensé.

Il m'écrivit qu'il ne pouvait soutenir le parti que je l'avais forcé de prendre; qu'il avait fait mille réflexions, et trouvé des moyens d'assurer son repos, sans troubler le mien; qu'il me demandait, pour toute grâce, qu'il pût me voir et me communiquer ses desseins; qu'il se flattait que j'en serais contente; et qu'enfin, quelle que fût après cet entretien ma décision, il s'y soumettrait sans réserve.

J'entrevis ce que Menil me voulait dire. Je crus qu'il fallait l'entendre. De plus, j'avais grande envie de le revoir. Je consentis donc à cette nouvelle entrevue. Il vint. Je le reçus d'un air assez triste et un peu embarrassé. « Eh bien, monsieur, lui dis-je, que voulez-vous me dire encore? » Il demeura quelque temps sans répondre, comme pour mettre de l'ordre dans des pensées confuses. Enfin, prenant la parole : « Vous avez pu croire, dit-il, tant que je n'ai fait que vous débiter des fariboles, que je ne songeais qu'à charmer l'ennui de ma solitude. Il est pourtant vrai que, dès lors, je pensais à former avec vous une liaison qui pût devenir plus intime. Vous avez dû remarquer, dans la multitude de mes questions, un extrême désir de démêler votre caractère, vos goûts, vos sentiments, et de parvenir de plus en plus à vous connaître au

travers de tout ce qui vous dérobait à mes regards.
Notre ami, ajouta-t-il, vous a conté un rêve dont
je lui fis part. Je l'avais fait tout éveillé. C'était le
produit des réflexions que je faisais sans cesse sur
l'heureux sort de quelqu'un qui passerait sa vie,
en quelque lieu que ce fût, avec une personne telle
que vous. Si, lorsque je ne vous connaissais que
par le témoignage d'autrui, j'ai pu penser de la
sorte, jugez ce qu'une connaissance plus directe
de tout ce qui se trouve en vous a dû ajouter à
l'idée que je m'étais faite du bonheur d'en devenir
inséparable. C'est donc cette parfaite félicité que
je songe à m'assurer, si mes vœux vous sont
agréables. Vous vous êtes alarmée mal à propos de
l'offre que je vous en ai faite. Je ne l'eusse pas ha-
sardée si mes intentions avaient été moins dignes
de vous. Je n'ai pas cru cependant, continua-t-il,
qu'elles dussent paraître dans mes premiers discours. Il m'a semblé convenable de connaître les
sentiments que je pouvais vous inspirer avant que
de vous montrer toute l'étendue des miens; et je
ne m'en serais pas encore expliqué si j'avais pu
supporter cette privation de tout commerce avec
vous, à laquelle je me voyais si absolument condamné. »

J'avais écouté avec étonnement et sans interruption ce long discours du chevalier de Menil. Je lui
dis, lorsqu'il cessa de parler, que je ne pouvais

3   c

qu'être sensiblement touchée de ce qu'il pensait
pour moi, ni mieux le reconnaître qu'en n'y adhé-
rant pas; que je devais lui apprendre, s'il l'ignorait, combien mon état en tout sens était disproportionné au sien; que je n'avais ni nom ni bien,
et ne possédais pour tout avantage qu'un titre hu-
miliant et ineffaçable; que s'il n'était au fait de ma
misérable fortune, j'y devais porter toute son attention, et lui faire envisager le blâme qu'il encour-
rait, dont je ne voulais être ni la cause ni l'occasion. Il me dit qu'il connaissait parfaitement l'état
de ma fortune, et n'avait de peine à cet égard que
de ne m'en pouvoir offrir une meilleure que la
sienne; que l'opinion du monde ne l'embarrassait
pas davantage; qu'il était sûr de l'approbation des
gens raisonnables, et ne croyait pas qu'on dût
sacrifier son bonheur au jugement pervers de la
multitude insensée; qu'il ne me déclarait point ses
vues sans les avoir bien examinées, et sans s'être
entièrement affermi dans la résolution qu'il avait
prise; que je ne devais pas craindre qu'elle pût
changer, puisqu'elle avait devancé la passion, qui
s'était jointe à la parfaite estime qu'il avait pour
moi; que cette passion le rendrait infiniment malheureux, si je ne consentais pas à le voir autant
qu'il serait possible, jusqu'à ce que, dégagé de ses
chaînes, il pût exécuter ses desseins.

Je le conjurai de faire de nouvelles réflexions

sur des choses si importantes et si remplies d'inconvénients, et je lui dis que si, après y avoir suffisamment pensé, il persistait à vouloir s'attacher pour jamais à moi, je me croirais permis de vivre avec lui autant que notre situation le comportait, persuadée qu'il conserverait tous les égards dus à l'estime qu'il me témoignait. Il me jura que son respect et sa soumission seraient toujours le principal témoignage de l'attachement qui le dévouait à moi pour toute sa vie. Ces conventions faites, nous nous séparâmes. Je demeurai le cœur et l'âme si remplis, qu'il n'y avait d'action ni dans l'un ni dans l'autre. Je ne pouvais penser ni même sentir que confusément. Ce chaos enfin se débrouilla. Je démêlai que j'étais vivement touchée des sentiments qu'on venait de me montrer. Je vis un libérateur qui venait briser les chaînes de ma servitude, m'affranchir de cette captivité plus contraire à ma façon d'être que celle que je subissais alors, et combler mon bonheur, en associant ma vie à la sienne.

Ce n'est qu'à titre de souverain bien que les objets ont droit de nous passionner. Ils ne s'emparent de toute notre âme, qu'en s'offrant à nous sous cet aspect. Je crus l'avoir trouvé ce bien par excellence, que nos désirs poursuivent sans cesse, et n'attrapent jamais. Je ne savais pas alors qu'il n'existe point dans le monde. Je pensai qu'il devait résider dans une union constante et bien assortie. Séduite par cette flatteuse illusion, je me laissai surprendre par une passion plus vive que celle que j'avais inspirée. Je ne mis nul obstacle à ses progrès ; et, loin de m'en alarmer, j'en faisais la mesure du bonheur que je me promettais. Il faudrait partir du point où j'étais, rassembler les diverses circonstances de ma situation actuelle et précédente, pour concevoir comment je laissai prendre tant d'empire sur moi à des sentiments qu'il semble que je devais aisément maîtriser.

Le lendemain de cette conversation, je reçus une lettre du chevalier de Menil plus remplie que jamais de tout ce qui pouvait me toucher et me rassurer. Nous nous vîmes, comme par hasard, chez le lieutenant de roi qui était incommodé. Nous lui avions fait demander séparément la permission de l'aller voir, et la grâce de nous faire conduire chez lui. Menil y alla le premier. Je fis ensuite proposer ma visite ; elle fut aussitôt acceptée.

Maisonrouge, qui ne soupçonnait rien de notre intelligence, fut ravi de cette rencontre. Elle me causa une joie si sensible, que le moment en est resté, dans mon souvenir, comme un des plus agréables de ma vie. Le secret de notre liaison, dérobé au témoin intéressé qui en avait formé les premiers nœuds, ajoutait encore je ne sais quoi

de piquant aux charmes que nous goûtâmes à
nous voir. Il dura peu ; car rien ne dure, surtout
en ce pays-là. L'inquiétude n'y laisse prendre
consistance à aucune chose. Nous trouvâmes
moyen de nous revoir les jours suivants. Les intentions, les protestations me furent réitérées ; je
les agréai, et laissai voir mes sentiments, dont on
me témoigna une entière satisfaction. Je n'en avais
pas moins à ne les plus cacher. Nous convînmes
de nous voir autant que nous le pourrions sans
imprudence, et de nous écrire aussi souvent qu'il
nous serait possible.

La chère Rondel nous prêta son ministère pour
donner et recevoir nos lettres, observer les moments propres à nous voir, et nous garantir des
surprises. Elle avait assez bonne opinion de moi
pour croire que je ne formais une telle liaison
qu'à bon titre, et ne s'y serait pas prêtée, si, par
ce que je lui laissai entrevoir, elle n'avait eu tout
lieu d'en juger favorablement.

Le chevalier de Menil avait vu aussi bien que
moi que Maisonrouge m'aimait avec passion. Nous
sentions combien il était important de lui cacher
notre correspondance qu'il ne gouvernait plus. Les
lettres plus intéressantes que nous nous écrivions
nous avaient dégoûtés de celles qui passaient par
ses mains. Il remarqua notre intelligence à cet
égard, et m'en fit des reproches. J'en écrivis en-

core quelques-unes pour écarter ses soupçons et colorer la cessation apparente de nos écritures.

Ce genre de lettres devenu insoutenable tomba tout à fait. Nous nous écrivions, et nous attrapions des moments de conversation. J'en rapporterai une que je n'ai pu oublier, dans laquelle, témoignant à M. de Menil mille craintes, mille inquiétudes de m'être livrée à mes sentiments sur des apparences peut-être incertaines, il m'offrit d'appuyer d'un engagement par écrit les assurances qu'il m'avait données de ses intentions. « Hélas! lui dis-je, à quoi cela serait-il bon? Si vous conservez votre attachement pour moi, vous suivrez les résolutions qu'il vous a fait prendre : si vous veniez à le perdre, voudrais-je opposer vos paroles à vos sentiments, et vivre avec vous, sans que vous fussiez de plein gré tout à moi? »

Je croyais, en parlant de la sorte, supposer l'impossible. La convenance entre nous me semblait si parfaite qu'elle me rappela l'idée de ces âmes créées doubles, qui se cherchent toujours, se retrouvent rarement, et dont l'heureuse rencontre fait la suprême félicité. Je lui fis part de cette pensée, qu'il adopta comme le véritable caractère de notre liaison. Je faisais alors l'essai d'un bonheur qui m'était inconnu. J'avais auparavant aimé sans être aimée, ou l'on m'avait aimée

sans me plaire. Je n'avais pas encore éprouvé le
charme d'un attachement réciproque, qui me paraissait devoir être inaltérable. Le caractère du
chevalier de Menil, sa réputation, sa conduite me-
surée, son âge déjà assez éloigné de celui où l'on
s'engage sans savoir ce qu'on veut ni ce qu'on
fait, me répondaient de sa constance et de la
fidélité de ses paroles. Je n'avais d'inquiétudes
que celles qui naissaient sous nos pas dans un
terrain si propre à les produire et à leur donner un continuel accroissement. Nous en avions
de cette espèce à chaque instant ; le moindre
bruit nous menaçait d'événements redoutables ;
l'air un peu plus sombre d'un maître jaloux (car
il le devenait, sans savoir combien il le devait
être) nous présageait tout ce qu'il y a de plus
funeste.

L'arrangement que nous avions pris de nous
voir avait persisté jusqu'à ce qu'on transférât
le duc de Richelieu d'une tour, où d'abord on
l'avait mis, dans un appartement au-dessus
de celui du chevalier de Menil. La proximité
d'un homme si alerte obligea de prendre de
plus grandes précautions. Le lieutenant de roi
crut devoir mieux serrer les clefs qu'il avait coutume de laisser à ma porte, devant laquelle les
habitants du quartier passaient pour aller à leur
promenade. Quoiqu'ils fussent toujours bien ac-

compagnés, on ne voulait pas laisser sous leurs yeux cet objet de scandale.

Le lecteur (si jamais lecteur il y a de ce manuscrit) aimerait mieux savoir pourquoi le duc de Richelieu fut mis à la Bastille, et le détail de son affaire, que les minuties qui me regardent; mais je n'en fus pas assez instruite pour en rendre compte. Je sais seulement que, comme nous et sans notre participation, il avait pris des liaisons avec l'Espagne, et que, malgré les traitements les plus durs, les interrogatoires longs et fréquents qu'il subit et toutes les adresses qu'on employa pour le surprendre, jusqu'à des lettres contrefaites de la part d'une princesse qui s'intéressait à lui, on ne put se rendre maître de son secret, et qu'enfin, par des intrigues de cour où l'amour eut beaucoup de part, il obtint son élargissement, et en attendant de grands adoucissements à sa captivité.

Ce logement plus commode qui lui fut donné, et la liberté d'en sortir pour se promener, amenèrent la réforme qui nous désola. Elle s'observait lorsque les ministres devaient paraître; mais ce n'était qu'un jour en passant, et ce jour même nous était bien difficile à passer. Il n'y a point d'habitude qui se contracte si aisément que celle de voir quelqu'un qu'on aime, ni rien qui devienne si nécessaire pour peu qu'on en ait l'habitude. Je commençai donc à éprouver les traverses qui suivent les passions, et en rendent l'exercice si pénible. J'en avais déjà eu quelqu'une par les fantaisies de Menil qui, contre toute raison, se fâchait de temps en temps des complaisances que je ne pouvais me dispenser d'avoir pour notre lieutenant. J'en retranchais pourtant tout ce qui m'était possible. Je lui avais révoqué la permission de venir chez moi le soir après son souper, sous prétexte que je voulais dormir de meilleure heure. Il ne résistait à rien de ce que je voulais, encore fallait-il de mon côté céder quelquefois à ce qu'il souhaitait.

Un jour qu'il m'avait apporté sa chasse, et soupait avec moi, Menil, qui avait le secret d'ouvrir sa porte, vint écouter à la mienne. Il prétendit que j'avais été fort gaie, et que j'avais parlé de lui avec une légèreté offensante. Mais ce qui lui déplut encore davantage, c'est qu'en sortant de table, comme il faisait extrêmement chaud, nous nous mîmes à la fenêtre. Le lieutenant me proposa de chanter. Je commençai une scène de l'opéra d'*I-phigénie*. Le duc de Richelieu, aussi à sa fenêtre, chanta ce qu'Oreste répond dans cette scène convenable à notre situation. Maisonrouge, qui pensa que cela m'amusait, et qui peut-être voulait faire diversion, nous laissa achever toute la scène. Elle ne divertit nullement le chevalier de Menil. Le lendemain, il me fit des questions dans ses lettres sur la conversation du souper, que je ne savais pas qu'il eût écoutée. Je ne me souvenais plus qu'il y eût été fait mention de lui, et je ne lui en dis rien. Cela lui parut un mystère dont il fut si outrément fâché qu'il voulait que je me brouillasse avec Maisonrouge. Cependant je lui fis si bien comprendre les grands inconvénients qui en naîtraient, qu'il s'apaisa.

Nous ne fûmes pas longtemps sans trouver moyen de nous rapprocher. La réforme se relâcha, comme elle se relâche toujours. Nous reprîmes à peu près notre train de vie ordinaire. Cette petite absence, adoucie par de fréquentes lettres, ne servit qu'à donner plus de prix à la satisfaction de nous revoir. Nous en jouîmes quelques jours assez paisiblement. L'humeur sombre du lieutenant nous persuada qu'il s'en doutait, et fermait les yeux. Cette opinion nous rendit moins circonspects. Après avoir été imprudents, nous devînmes téméraires. Nous prolongions nos entretiens, et nous fûmes plusieurs fois en danger d'être surpris. Enfin un soir, Menil voulant se retirer crainte d'accident, je le retins indiscrètement. Un moment après, et plus tôt qu'à l'ordinaire, les porte-clefs, qui avaient depuis quelque temps des soupçons contre nous, vinrent donner le dernier tour de main à nos portes, et emportèrent nos clefs, avec toutes les autres, chez le lieutenant de roi.

Je ne saurais représenter le saisissement où je fus quand j'entendis qu'on nous enfermait. Quel parti prendre dans une conjoncture si fâcheuse? Tout ce que je voyais nettement, c'est qu'il ne fallait pas que le chevalier de Menil demeurât enfermé dans ma chambre. Qu'il eût été chez moi dans la journée, ce n'était que l'infraction d'une loi ou coutume locale ; mais qu'il y passât la nuit, c'était un scandale par tout pays. Et comment l'en faire sortir? Les portes étaient barricadées de façon à ne pouvoir rien tenter de ce côté-là. Les fenêtres n'étaient pas plus accessibles. Il ne me restait d'autres ressources qu'en la miséricorde du pauvre Maisonrouge, grièvement offensé dans l'occasion présente. Enfin, je m'armai de tout le courage que requérait une nécessité si pressante ; et j'attendis à ma fenêtre son retour de chez le gouverneur où il soupait.

Aussitôt qu'il entra dans la cour, je l'appelai, et lui dis que je le priais de venir me donner le bonsoir. Il courut chez lui rechercher ma clef, et vint chez moi transporté de joie de cette faveur inaccoutumée. Je m'avançai vers lui : son rival, un peu à l'écart, ne s'offrit pas d'abord à sa vue. Je lui dis, avec l'air du monde le plus embarrassé: « Vous avez appris à mon voisin le chemin de mon appartement; il l'a pris indiscrètement sans vous. On est venu nous enfermer : vous ne voudriez pas le laisser ici; délivrez-m'en, je vous en conjure. » Au premier mot que je proférai, il aperçut le chevalier de Menil, et changea de visage. L'air gai qu'il avait en entrant prit tout à coup la teinture la plus sombre, et il nous dit d'un ton fort sec que c'était le jeter dans un grand embarras; qu'il ne pouvait aller chercher les clefs de la chambre de M. de Menil, redescendre et l'ouvrir, sans que ses gens et ceux de la maison s'en aperçussent, et formassent des soupçons aussi désavantageux pour lui que pour moi. Je convins qu'il avait raison de se plaindre de notre imprudence; j'avouai mon tort; je promis de n'y plus retomber; j'implorai son amitié, comme mon unique ressource. Il me quitta sans rien dire de plus, fut chercher les clefs, vint reprendre Menil plus déconcerté qu'aucun de nous, le renferma chez lui, et ne rentra point chez moi.

Cette expédition faite, je me trouvai fort soulagée, quoiqu'il me restât de grands sujets de peine. La juste indignation d'un homme à qui j'avais tant d'obligations, que j'exposais, pour suivre mes fantaisies, au reproche de trahir son ministère par de honteuses complaisances, mes supercheries envers quelqu'un qui s'était livré à moi sans réserve :

« Improbe Amor, quid non mortalia pectora cogis? »

Enfin ce cruel tyran gémissait lui-même au fond de mon cœur de ma séparation d'avec l'objet qu'il m'avait rendu si cher.

Je ne pouvais douter que le lieutenant, intéressé à ma garde par l'honneur et par la jalousie, n'y veillât d'assez près pour rendre inutile tout ce que nous aurions pu tenter. Ce mauvais succès m'avait entièrement dégoûtée des pas hasardeux. Je me bornais au commerce de lettres, qui était facile, et devint plus fréquent.

Maisonrouge me vit comme à l'ordinaire, et ne me parla point de ce qui s'était passé. Il me trouva triste, et ne m'en demanda pas la cause qu'il ne savait que trop. J'avais quelquefois l'injustice de le haïr, et peut-être s'en apercevait-il, sans que cela changeât rien à sa conduite remplie de soins pour mon service, et de prévenance pour tout ce que je pouvais souhaiter. Il me procura des nouvelles de Mme de Grieu et des autres personnes qui m'étaient chères, et me donnait toutes les petites libertés compatibles avec son devoir et les bienséances. Dans les moments où la raison me revenait, elle me ramenait à lui, toujours accompagnée du sentiment de reconnaissance que je lui devais.

Cependant Menil, qui ne mettait pas au jeu tant que moi, cherchait sans relâche les moyens de renouer la partie. Il gagna par argent, par

promesses, je ne sais comment, un des porte-
clefs. Ce sont les gens qui servent les prisonniers,
leur portent à manger et toutes les choses dont
ils ont besoin. Les clefs des chambres sont entre
leurs mains le long du jour. Celui-ci donc, en
sortant de la mienne, ne fit que semblant de la
fermer, et Menil y entra pendant que le lieutenant
dînait chez le gouverneur. Je fus effrayée de le
voir, je voulus le renvoyer. Il me rassura, et me dit
que les moyens qu'il avait pris étaient sans aucun
risque. Je le crus, parce que j'avais fort envie de
le croire. La joie de le revoir fit disparaître les
sages réflexions qui m'interdisaient des entrevues
si périlleuses. Celle-ci fut des plus courtes, et
nous ne les réitérâmes qu'avec de grandes précautions. Je ne voulus plus m'exposer à l'heure du
soir qui m'avait été si fatale, et nous conduisîmes
notre folie (car c'en était une grande de nous revoir) aussi raisonnablement qu'il était possible.
Mais si nous nous voyions peu, nous nous écrivions sans cesse. Le grand loisir dont nous jouis-
sions ne pouvait être rempli d'une occupation
plus intéressante.

Les premières lettres que nous nous écrivîmes
dans ce nouveau genre de commerce ne m'ont
point été rendues. Le chevalier de Menil plus ti-
mide alors, les brûla. Plus aguerri par la suite,
ou plus soigneux de les conserver, il omit cet acte

de prudence, et me rendit ce qui lui en était resté, quand j'eus lieu de les lui demander. Je dirai en son temps ce qui les sauva du feu, où elles étaient justement destinées, et me les fit garder.

Les petits faits qu'elles contiennent font le tissu de cette aventure. Elles sont les actes originaux qui en attestent la vérité, et les sources où j'ai trouvé une partie des choses qui m'étaient échappées. Elles tiendront lieu de nos conversations, toujours troublées par la crainte, abrégées par la prudence, plus courtes et moins suivies que nos entretiens par écrit, et presque entièrement effacées de mon souvenir.

Notre désœuvrement produisit une multitude innombrable de ces lettres. La passion, à laquelle j'avais cru pouvoir me livrer sans offenser ni la raison ni la vertu, s'y trouve exprimée sans aucune réserve. Je parlais à quelqu'un à qui je me regardais comme déjà unie par les plus sacrés liens, n'attendant pour rendre cet engagement indissoluble et authentique, que la fin de notre captivité.

Je faisais, dans les commencements de notre liaison, l'essai d'un bonheur parfait, sans y prévoir la moindre atteinte, lorsqu'un jour, que nous nous croyions plus en sûreté que jamais, parce que le lieutenant de roi était allé dîner à Vincennes chez

le marquis du Châtelet son ami et son ancien co-
lonel, M. Le Blanc vint à la Bastille dire au gouverneur qu'il avait besoin de quelque éclaircissement sur une déclaration qu'on avait à faire au
chevalier de Menil, et qu'il fallait dans ce moment
lui en parler.

Le gouverneur, qui était à table, quitta son dîner et courut si rapidement que Menil, qui était
chez moi, quand nous nous aperçûmes qu'il allait
chez lui, n'eut pas le loisir d'y rentrer. Le gouverneur ne le trouva point. Mais Menil le suivit
d'assez près pour essuyer tout le feu de sa colère,
dont les éclats rejaillirent sur moi. Après cette
première décharge, qui fut violente, il exécuta la
commission du ministre et lui porta la réponse,
sans lui rien dire de l'accident survenu, dont on
se serait pris à son défaut de vigilance. Mais aussitôt que M. Le Blanc fut parti, il fit transférer le
chevalier de Menil dans une tour, et le logea dans
une espèce de cachot fort éloigné de mon appartement.

La rigueur de ce traitement et le mauvais air
d'un déménagement si précipité m'accablèrent
d'affliction. Je me livrai, contre mon ordinaire,
aux larmes et au désespoir. Jamais sentiment si
douloureux n'avait pénétré dans mon âme : je la
sentais comme séparée d'elle-même, sans espoir
de réunion.

Je supposais Menil aussi affligé que moi. Sa peine ne doublait pas seulement la mienne, elle la rendait sans mesure. Les incommodités corporelles qu'il allait éprouver dans cette affreuse demeure, jointes aux tourments de son âme, me faisaient craindre pour sa santé et même pour sa vie ; car l'esprit hors de lui-même ne s'arrête sur rien. L'incertitude de toutes ces choses, dont je ne pouvais vraisemblablement m'éclaircir, mettait le comble à tant de maux.

Maisonrouge, absent ce jour-là, me laissait sans aucune consolation. Malgré tous mes torts à son égard, j'attendais encore tout de lui, et je ne me trompai qu'en ce qu'il surpassa de beaucoup ce que j'en espérais. Il vint chez moi le soir dès qu'il fut de retour. Le gouverneur l'avait déjà informé de ce qui s'était passé. Le tendre intérêt qu'il prit à l'état où j'étais ne laissa naître dans son cœur ni dépit ni ressentiment de mes offenses, ou il le surmonta si bien que je n'en vis aucun indice. Il s'affligea avec moi du malheur qui m'était arrivé, m'assura qu'il se prêterait de tout son cœur à tout ce qui pourrait servir à ma consolation.

Sensiblement touchée de trouver de si favorables dispositions en quelqu'un de qui je les avais si peu méritées, je ne lui dissimulai pas mes sentiments ; je crus les pouvoir répandre dans le sein d'un si parfait ami. Il me sembla que, quelque

3   *f*

amertume qu'il y pût trouver, elle serait adoucie
par les témoignages de mon estime et de ma confiance, et que, loin de lui faire une blessure nouvelle, en lui avouant ce qu'il n'ignorait pas, c'é-
tait porter à celles qu'il avait reçues le seul remède
qui fût en mes mains. Je me déterminai donc à
un franc aveu. Je dis à M. de Maisonrouge que je
devais au soin qu'il avait pris de me fournir des
distractions dans mes malheurs, ma connaissance
avec le chevalier de Menil; que j'avais cru, comme
lui, n'en faire qu'un simple amusement; que l'habitude et le défaut d'occupation m'avaient peu à
peu attachée à ce qui n'avait fait d'abord que me
divertir; qu'on m'avait montré des sentiments
dont je m'étais laissé toucher, et qu'enfin j'en
avais pris qui m'avaient conduite dans tous les
écarts qu'il m'avait vu faire; que je le priais de
me les pardonner. Je me tus. Il demeura quelque
temps comme abîmé dans la confusion de ses propres sentiments. L'attendrissement que lui cau-
saient les marques de ma confiance et de mon
repentir, paraissait sur son visage; enfin, faisant
effort pour s'expliquer : « Ma chère amie, me dit-il
(c'est ainsi qu'il m'appelait), vous savez que je suis
tout à vous. Je vais vous en donner des preuves
indubitables : mais il faut que vous me disiez
quels sont vos engagements avec M. de Menil. S'il
a dessein de rendre votre sort plus heureux, puis-

que le mien n'est pas digne de vous être offert, je me prêterai sans réserve à tout ce qui pourra contribuer à votre bonheur, et même à votre simple satisfaction. Si le chevalier de Menil n'a d'autre vue que de vous plaire, il ne serait digne ni de vous ni de moi, que vous entretinssiez, par mon ministère, aucun commerce avec lui; et, pour l'amour de vous-même, il ne faudrait songer qu'à vous en détacher. — Dès que le chevalier de Menil, lui dis-je, a voulu quitter le ton de plaisanterie par où nous avions commencé, j'ai refusé de l'entendre, et m'y suis obstinée, jusqu'à ce qu'il m'ait fait voir l'intention qu'il avait d'unir sa fortune à la mienne. Je lui en ai présenté tous les inconvénients; et ce n'a été qu'après m'être convaincue qu'il en avait véritablement formé le dessein, que j'ai consenti de lier ce commerce avec lui. Toute autre marque de son attachement ne m'eût jamais résolue à démentir la conduite que j'ai toujours tenue. Il est vrai que je n'ai pas cru m'en écarter, en répondant à des sentiments qui s'accordent avec la vertu, et qui ne pouvaient me permettre de l'oublier. — Mais pourquoi me cacher, reprit Maisonrouge, à moi qu'on nomme votre tuteur (des gens de mes amis lui donnaient ce nom), à moi qui désire votre bien si passionnément, des vues qui s'y rapportaient? Doutiez-vous que je ne les favorisasse de tout mon pouvoir? —

Ne m'imputez point, lui dis-je, ce mystère qui m'a tant coûté. On l'a exigé si absolument de moi, qu'à peine oserais-je encore vous le révéler, si ce que je dois à votre amitié et à mon honneur, dans la conjoncture présente, ne m'y obligeait indispensablement. — Le chevalier de Menil n'a pas dû croire, reprit Maisonrouge, que je blâmerais ses desseins, ni craindre que je pusse les traverser. Mais n'en parlons plus. Voyons ce que j'ai à faire pour vous tirer de la peine où vous êtes.

—Je suis outrée, lui dis-je, contre votre gouverneur de l'éclat qu'il a fait. Les prisonniers sont tout yeux, tout oreilles; ils ont beau être renfermés, ils découvrent tout ce qui se passe; ils se croient intéressés au moindre mouvement qu'ils aperçoivent, et le suivent jusqu'au bout. Ne doutez donc pas que la translation précipitée du chevalier de Menil ne soit sue ici de tout le monde et mal interprétée sur mon compte. Faites sentir, je vous prie, au gouverneur, combien j'ai sujet de me plaindre qu'il m'ait affublée d'une histoire qui, n'étant pas approfondie, peut me faire beaucoup de tort. Dites-lui que je souhaite de lui parler moi-même, et engagez-le à me venir voir. — J'y vais sur-le-champ, me dit Maisonrouge; je verrai aussi le chevalier de Menil, et je vous rendrai bon compte de ce qui le regarde. Ne vous affligez point, et comptez absolument sur moi. »

Il me quitta, et je retombai dans l'accablement dont la nécessité de lui parler m'avait fait sortir.

Tous les maux que je sentais, tous ceux que je craignais, me serraient de si près que je ne pouvais respirer. La pauvre Rondel faisait ce qu'elle pouvait pour me consoler par de sages discours et par de vaines espérances ; mais je n'entendais rien que le bruit confus des passions dont j'étais agitée. Je passai une nuit cruelle. L'horreur des ténèbres semble donner une nouvelle force aux objets qui nous tourmentent. Dès que le jour se fit entrevoir, je me donnai le soulagement (si c'en était un) d'écrire une lettre à Menil que je ne pouvais lui faire tenir. Je lui en écrivis encore une autre dans ce triste état. Il ne les eut toutes deux que longtemps après.

Je ne revis le lieutenant que le lendemain. Il m'apprit que le chevalier de Menil, aigri de l'indigne traitement qu'il avait reçu, s'en était expliqué très-vivement avec le gouverneur, et l'avait extrêmement irrité contre lui. Maisonrouge me dit cette fâcheuse nouvelle avec tout l'adoucissement qu'il y put mettre.

Je sentis les peines que cela préparait à Menil. Le lieutenant me conta que M. Le Blanc, dans le moment de notre catastrophe, avait apporté une permission de mettre le chevalier de Menil en société avec le duc de Richelieu (de qui l'on voulait desserrer les liens) et de les faire dîner l'un et l'autre chez le gouverneur, alternativement avec la bande des marquis de Pompadour et Boisdavis qui avait son jour pour y aller; que le gouverneur, sans s'en expliquer avec le ministre, avait résolu de ne point donner cette liberté à M. de Menil. Je fus extrêmement fâchée de le voir privé d'un adoucissement à sa captivité, si propre à dissiper sa tristesse présente. Je conjurai le lieutenant de mettre tout en œuvre pour le raccommoder avec le gouverneur, afin qu'au moins il pût jouir des faveurs du ministre, et ne pas essuyer de nouveaux dégoûts. Il me promit d'y travailler de tout son pouvoir, et le fit enfin avec succès. Il m'instruisit des chagrins de M. de Menil, de l'état de sa santé, de tout ce qui le concernait, avec toute l'exactitude que je pouvais désirer, m'apprit ce qu'il avait dit au gouverneur sur mon compte, me dit que je le verrais, et que je ferais bien de lui marquer mon juste ressentiment, sans oublier les ménagements nécessaires avec gens de qui l'on dépend. Il vint en effet : je lui dis, qu'après tant de marques de considération que j'avais reçues de sa part, je n'avais pas dû m'attendre que, sans égard au préjudice qu'il portait à ma réputation, il eût manifesté avec tant d'éclat une irrégularité de conduite de ma part, qui n'était telle que par rapport au lieu que j'habitais; que, depuis que je vivais dans le monde, j'avais reçu indifféremment les gens qui me venaient voir, hommes ou femmes, sans donner ombre de scandale; que, depuis que j'étais chez lui, ma femme de chambre, renfermée avec moi, assurait la bienséance des visites que j'avais pu recevoir; que la chose de soi étant innocente, je n'avais pas mérité qu'elle prît, par le bruit qu'on en avait fait, une tournure équivoque. J'eus beau lui vouloir faire comprendre qu'une faute, en tant que prisonnière, n'en était point une selon les lois et les usages ordinaires de la société, il ne connaissait de règles que celles de la geôle, et ne voulut jamais admettre cette distinction; il me soutint toujours qu'après une licence si criminelle je devais lui savoir gré de ne m'avoir pas traitée plus sévèrement. J'entendis qu'il voulait dire qu'il aurait dû me mettre au cachot. C'est une menace si ordinaire en ce lieu-là qu'on la fait à un chien qui aboie. Après de semblables propos, nous nous séparâmes médiocrement satisfaits l'un de l'autre, et nous vécûmes assez froidement ensemble. Il m'avait rendu beaucoup de soins dans les commencements; mais le bruit ayant couru, même au Palais-Royal, qu'il voulait épouser Mlle de Montauban, à quoi il ne songeait pas, il s'éloigna de ses captives; et, depuis que j'avais reconnu que c'était un ours qu'on ne pouvait apprivoiser, je l'avais fort négligé.

Le lieutenant de roi redoublait ses attentions à me plaire. Non content de tout ce qu'il avait déjà fait, cherchant à me donner une nouvelle consolation, il me fit écrire une lettre par le chevalier de Menil, et me l'apporta. Je fus surprise d'une action si singulière de la part d'un homme passionné et jaloux. « Je me serais contentée, lui dis-je, de savoir des nouvelles de M. de Menil par le compte que vous m'en rendez; il n'était pas nécessaire d'aller au delà. — Non, dit-il, vous serez plus rassurée par ces témoignages de sa propre main, que par ce que vous ne tiendriez que de moi : faites-lui réponse, je la lui rendrai, et je vous promets de vous procurer cette satisfaction tant que votre séparation durera. » Il me dit ensuite qu'il travaillait au raccommodement du chevalier de Menil avec le gouverneur; que cela était en bon train, et qu'il espérait que bientôt il jouirait de la société qu'on lui avait destinée.

Toutes ces choses me mirent de la douceur dans l'âme. J'avais senti beaucoup de joie de revoir l'écriture de Menil dont j'étais privée depuis plusieurs jours. Je n'en eus pas moins de lui écrire une lettre qui pût aller jusqu'à lui. J'en avais écrit quelques autres, pour amuser ma douleur, qui m'étaient restées entre les mains. Celles-ci, d'un style plus contraint, devaient avoir un plus heureux sort. Je n'y pouvais dire ce que je pensais; mais c'était toujours lui parler.

Notre généreux ami revint la chercher. Je la lui donnai tout ouverte, comme était celle qu'il m'avait rendue. Cet effort de sa complaisance devait être ménagé de ma part avec discrétion. Aussi j'attendis toujours de son propre mouvement un service qui lui coûtait si cher. Il m'a avoué depuis que chaque fois qu'il prenait ou rendait nos lettres, il s'enfonçait un poignard dans le cœur. Il n'en fut pas moins exact à suivre l'ordre qu'il avait établi pour notre commerce. Il m'apportait une lettre; il m'en demandait la réponse le lendemain; et le jour suivant il m'en rapportait une autre.

Cependant M. de Menil, réconcilié avec le gouverneur, fut en possession des prérogatives qui lui avaient été accordées par la cour. Il allait dîner au gouvernement avec le duc de Richelieu, de deux jours l'un, et passait une partie de la journée dans l'appartement de cet agréable camarade. Il n'y pouvait aller sans passer devant ma porte. Cette facilité de me donner de ses nouvelles plus intimes que celles qui passaient par une main étrangère le tenta. Il lâcha un billet, auquel il me priait avec instance de répondre par la même voie. J'y sentis une grande répugnance, moins encore par l'aversion que j'avais prise des tentatives hasardeuses que par le caractère de trahison que portait envers un si digne ami ce commerce furtif. Je cédai toutefois, entraînée par cette avilissante passion, qui dégrade en nous toutes les vertus, et qui devrait nous être odieuse autant qu'elle nous rend méprisables.

Il est vrai que d'abord j'usai rarement de ces nouveaux moyens qui m'étaient offerts : puis je m'y accoutumai par la suite. Il m'arriva quelquefois de rencontrer Menil lorsqu'il allait ou revenait de chez le duc de Richelieu. Cela faisait un événement dans ma vie. Le pauvre Maisonrouge nous ménagea quelques-unes de ces rencontres, qui, quoique brèves, nous paraissaient d'un grand prix. Je ne jouis pas longtemps de cet avantage : une réparation qu'il fallut faire dans mon appartement m'obligea de le quitter. On m'en offrit un qui m'aurait conservé les mêmes facilités. La crainte d'en abuser, plus encore que l'appréhension d'un bruit incompatible avec le sommeil, me le fit refuser. On me prêta le logement du capitaine de la compagnie de nos gardes, où je ne pouvais plus avoir de relation avec le chevalier de Menil.

Tous nos consorts jouissaient depuis quelque temps d'une espèce de liberté, formant des sociétés séparées les unes des autres, dans lesquelles ils vivaient. On me conseilla de demander la même faveur : je ne le voulus point. Il me sem-

blait que le meilleur rôle que j'eusse à jouer, c'é-
tait celui d'une entière inaction. Je pouvais tout
au plus me résoudre à recevoir des grâces de la
main qui me tenait aux fers; mais je trouvais de
la bassesse à les requérir, et de la honte à paraître assez ennuyée de moi pour chercher une
compagnie indifférente, que je prévoyais qui me
serait en effet plus à charge qu'agréable. Tout ce
que je pus faire pour déférer en quelque sorte
aux avis qu'on me donnait, fut d'écrire à M. Le
Blanc la lettre que voici :

« Monseigneur, ce n'est ni l'impatience ni l'ennui qui me forcent à vous importuner. Ce qui m'y
détermine est la juste appréhension qu'une personne aussi obscure que moi ne soit totalement
oubliée. Cette crainte est d'autant mieux fondée,
qu'il est peu vraisemblable que les motifs de ma
détention en rappellent le souvenir; je me flatte
qu'ils sont aussi peu remarquables que ma personne. Et, dans cette opinion, j'ai trouvé quelque
espèce de nécessité de vous remettre en mémoire
que j'ai été amenée à la Bastille à la fin de l'année
1718, et que j'y suis encore. Quand je saurai,
Monseigneur, que vous vous en souvenez, je me
reposerai du reste sur votre équité et sur votre
humeur bienfaisante, contente, en quelque état
que je sois, d'obéir aux lois qu'on m'impose, et

de révérer le pouvoir souverain par une soumission volontaire à ses ordres.

« J'ai l'honneur d'être avec un profond respect, Monseigneur, votre très-humble et très-obéissante servante.

« Ce 16 août 1719. »

Cette lettre ne produisit aucun effet, c'était mon intention. Mais les persécutions de la marquise de Pompadour auprès des ministres, pour augmenter la compagnie de son mari, obtinrent que j'y serais admise. J'allais donc, avec lui et le marquis de Boisdavis, dîner chez le gouverneur, le jour marqué pour nous. Ils trouvèrent bon que ma compagne mangeât avec eux, pour que je ne fusse pas seule de femme dans une société d'hommes. On me proposa de tenir la table le jour que l'autre troupe de captifs allait au gouvernement. J'aimai mieux, pour éviter l'éternelle résidence que nos gens désœuvrés auraient faite chez moi, établir nos repas ce jour-là chez M. de Pompadour. Le duc de Richelieu avait alors obtenu sa liberté par le sacrifice d'une belle victime, qui, à ce qu'on prétendait, s'était volontairement immolée à ce prix.

On avait, depuis son départ, associé le chevalier de Menil avec le marquis de Saint-Geniès, et Davisard, un des ministres de notre cour. Celui-ci me fit dire qu'il désirait passionnément d'avoir un moment d'entretien avec moi. Je ne doutai point qu'il n'eût des choses très-importantes à me communiquer, dont la connaissance pourrait régler la suite de mes démarches.

Cependant je ne voulus pas tenter la complaisance du lieutenant de roi dans une occasion qui compromettait son devoir, que je respectais en ce qui était essentiel autant qu'il le faisait lui-même. Je cherchai des voies de supercheries, toujours permises aux gens privés des droits naturels de la société.

Le marquis de Saint-Geniès logeait dans la même tour que le marquis de Pompadour. Je pensais que Davisard, feignant d'aller chez Saint-Geniès qu'il lui était permis de voir, monterait à l'étage au-dessus chez M. de Pompadour, où je me trouverais, comme j'avais coutume de faire. Il n'était question que de prendre bien son temps, et de prévenir mes associés, afin qu'ils prêtassent la main à ce rendez-vous.

Je communiquai donc à MM. de Pompadour et de Boisdavis l'entrevue que je méditais, et je leur fis fête de tout ce que j'allais apprendre, et des avis utiles à tout le parti que j'en pouvais recueillir. Le marquis de Pompadour, ravi de me servir dans une si importante occasion, dévorait d'avance l'abondante récolte que nous allions faire.

Je fis passer ce projet à Davisard. L'exécution en était attendue avec une égale impatience de part et d'autre, mais il fallait prendre un jour où l'un de nos maîtres fût en campagne, et l'autre si occupé que nous n'en eussions rien à craindre.

Ce jour arriva. Nous posâmes en sentinelle à toutes les lucarnes du degré ce que nous avions de domestiques pour nous avertir à la moindre alarme. Toutes nos mesures si bien prises, nous fîmes avertir Davisard, qui attendait le moment chez Saint-Geniès. Il monta aussitôt chez le marquis de Pompadour, qui, dès qu'il le vit paraître, se retira avec M. de Boisdavis dans un coin de la chambre, jugeant que des choses d'une si grande conséquence ne se pouvaient dire devant des témoins. Davisard, après avoir tourné la tête de tous côtés, pour voir s'il ne pouvait être entendu, s'avança et me dit : « Mademoiselle Delaunay, neuf mois de célibat, cela est bien dur! — Eh! monsieur, lui dis-je, frappée du plus grand étonnement, est-ce donc là ce que vous étiez si pressé de me dire? » Ce début m'ayant effrayée, j'appelai nos discrets confidents, et leur dis qu'ils pouvaient se rapprocher et prendre part à notre conversation. Ils raisonnèrent sur les choses présentes, desquelles notre petit magistrat n'était pas mieux informé que nous. Voyant le mince profit qu'il y avait à faire de ce périlleux entretien, je le terminai promptement, honteuse de me l'être ménagé avec tant de soin.

Ce qui m'était arrivé longtemps auparavant, aurait dû me déniaiser. J'eus quelque incommodité, pour laquelle on me fit voir M. Herment, médecin de la Bastille. Le lieutenant de roi me le présenta dans le jardin où nous nous promenions. Quoique je fusse alors sous la plus étroite garde, comme notre lieutenant se relâchait volontiers en ma faveur au moindre prétexte qui l'y autorisait : « Il ne faut point de tiers dans les entretiens qu'on a avec son médecin, » dit-il en s'éloignant de nous. Je continuai mon chemin, et m'éloignai encore plus. M. Herment, voyant qu'on ne pouvait plus nous observer, me dit en me serrant la main et baissant la voix : « Vous avez des amis, et de bons amis, capables de tout pour vous; j'en ai vu un qui s'intéresse bien particulièrement à ce qui vous regarde.... — Vous a-t-il chargé de quelque chose pour moi? lui dis-je en l'interrompant. — Oui, reprit-il : il connaît ma discrétion; je sais la vôtre. Il m'a dit de vous demander ce qui pourrait vous faire plaisir, ce qui pourrait vous être utile; si vous n'auriez pas besoin d'un couvre-pied. — Eh! qui est, dis-je, cet ami en peine de savoir si on a ici les pieds chauds? — C'est, me répondit-il, M. Bignon, conseiller d'État. — Rendez-lui grâce de ma part, repris-je; et dites-lui, monsieur, que ce qui l'inquiète est assurément le moindre des inconvénients où je suis exposée. »

Je ne prétextai point de maladie pour me procurer des visites d'un homme si circonspect. Il y en avait dans notre château de plus traitables; mais, comme je n'étais nullement tentée d'intriguer au dehors, je ne les recherchai pas.

Le comte de L... s'aida du chirurgien qui faisait aussi la fonction d'apothicaire. Il établit, pour avoir occasion de le voir souvent, qu'il lui fallait deux lavements par jour. Le régent, qui entrait dans les derniers détails de ce qui nous concernait, examinant les mémoires de notre pharmacie avec ses ministres, l'abbé Dubois se récria sur cette quantité de lavements. Le duc d'Orléans lui dit : « Abbé, puisqu'ils n'ont que ce divertissement-là, ne le leur ôtons pas. »

L... en effet n'en avait guère d'autres. On le tenait plus resserré qu'aucun de nous, dans le temps même qu'on accorda du relâchement à tous les autres prisonniers. Il est vrai que, depuis qu'il fut à la Bastille, il se conduisit héroïquement; qu'il soutint de longs et fréquents interrogatoires, avec autant de courage que de dextérité dans ses réponses. Mais on avait prétendu, peut-être faussement, qu'il avait usé d'adresse avant que d'être arrêté; qu'il avait employé de fausses confidences pour éviter sa détention. Quoi qu'il en soit, il soutint jusqu'à la fin de sa prison, où il fut retenu longtemps après les autres, la conduite ferme qu'il avait prise en y entrant.

Je continuais toujours le commerce de lettres avec le chevalier de Menil, par le lieutenant de roi. J'en avais quelquefois de plus franches par son valet que Menil avait gagné. J'étais uniquement occupée de lui, et la compagnie, qui m'obsédait, m'était souvent insupportable, surtout dans des moments de chagrin, dont je ne pouvais me rendre maîtresse. J'en eus un très-vif du dessein que le chevalier de Menil me montra de mettre à fonds perdu un remboursement qu'on lui avait fait. Cette vue me parut tout opposée à ce qui faisait l'objet et le soutien de notre liaison. J'en pris des soupçons de sa bonne foi, qui n'avaient eu encore nulle entrée dans mon esprit. Je les lui témoignai vivement dans quelques lettres; et, comme il ne voulait pas encore me perdre, il prit le parti de me rassurer, en changeant son projet et en me faisant de nouvelles protestations de la droiture et de la fermeté de ses intentions. Je le crus. Eh! que ne croit-on pas quand on a bien envie de croire? Il confirma mon opinion par l'acquisition d'une petite terre, au lieu du fonds perdu auquel il avait d'abord incliné.

Je rentrai dans la pleine confiance, et n'eus plus de tourments que de la durée de notre séparation,

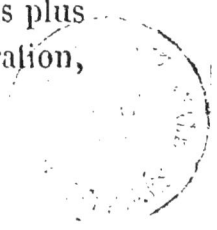

dont j'étais encore plus piquée par le facile accès qu'avaient auprès de moi des gens que je voyais d'un œil indifférent. Ils ne me regardaient pas de même, et ce m'était un surcroît d'impatience. Si un jardinier, comme l'a dit un bon auteur, est un homme pour des recluses, une femme, quelle qu'elle puisse être, est une déesse pour des prisonniers. Les nôtres, en effet, me rendaient une espèce de culte; mais leurs vœux empressés et leur encens étaient souvent prêts à me suffoquer.

Pendant ce temps-là, Davisard, homme vif et pétulant, mobile de corps et d'esprit, plus incapable de rester en un lieu que de se multiplier pour en occuper plusieurs à la fois, tomba malade assez sérieusement. On le dit, et peut-être l'exagéra-t-on au régent. Il répugnait aux choses violentes, et n'avait pas envie que ses prisonniers lui fissent le tour de mourir en prison. Pour éviter cet accident, on mit Davisard en liberté. « N'est-ce pas un *godan?* dit-il en terme gascon, quand il vit la lettre de cachet. — Non, dit le gouverneur qui la lui portait, c'est tout de bon. — Bas et culotte, vite, vite, dit-il en se jetant hors de son lit. » Son habillement, son décamper, sa guérison, tout fut fait en un moment.

Ce départ donna occasion à Mme de Pompadour, attentive à soulager les ennuis de son mari, de demander qu'on augmentât la société de M. de

Pompadour des débris de celle de M. Davisard, qui avait pour compagnons le marquis de Saint-Geniès et le chevalier de Menil, et que les deux bandes n'en fissent plus qu'une qui allât tous les jours manger chez le gouverneur, et vécût ensemble. Elle l'obtint; et lorsque je m'y attendais le moins, je vis entrer sans précaution Menil dans ma chambre. Je fus surprise et effrayée; il me rassura en m'apprenant cet heureux événement, qui me combla de joie, malgré la tristesse où j'étais de la mort de ma sœur, dont les circonstances m'avaient mis beaucoup d'amertume dans le cœur. Il faut avouer, à la honte de la nature, que sa voix ne se fait guère entendre, quand quelque passion parle en même temps qu'elle.

MM. de Pompadour et de Boisdavis vinrent un moment après me faire compliment sur l'augmentation de notre compagnie. Le lieutenant de roi était allé dîner ce jour-là à Vincennes : en rentrant, il vint chez moi, ne sachant point ce qui avait été accordé au chevalier de Menil. Au moment qu'il le vit dans ma chambre en si bonne compagnie, avec toutes les apparences du droit d'y être, il demeura comme quelqu'un frappé de la foudre, sans parole et sans mouvement. Je fus touchée de sa peine; et, m'avançant vers lui, je lui racontai que Mme de Pompadour avait obtenu qu'on nous mît tous ensemble. Il avait su qu'elle le demandait; mais il ne croyait pas que cela fût si près d'arriver. Il nous dit, d'un ton assez forcé, que cela était convenable, et qu'il nous en félicitait. Il ne put prononcer une parole de plus, et resta sur un siége où il s'était mis, véritablement comme un homme pétrifié. La gaieté de l'assemblée achevait de le confondre. Ne pouvant soutenir une situation si pénible, il nous quitta.

Les relations que j'avais eues jusque-là avec le chevalier de Menil, quelque douloureuses qu'elles fussent à Maisonrouge, étaient adoucies par la satisfaction d'y signaler son attachement pour moi, et de régir lui-même notre commerce. La dépendance qui en résultait, l'entière connaissance de nos démarches, qui fixait ses inquiétudes, étaient des dédommagements perdus par cette réunion. Il n'avait plus rien à attendre que la reconnaissance d'anciens services devenus inutiles.

Il vint le lendemain matin chez moi, dans un temps où j'étais seule, changée et accablée de tristesse. « Ma chère amie, me dit-il, vous voilà heureuse. Je l'ai souhaité ; j'en suis content ; mais votre bonheur me coûte cher. Vivez en paix avec quelqu'un qui vous aime et vous plaît. N'exigez pas que j'en sois témoin. Tant que j'ai pu vous être utile, j'ai surmonté mes répugnances par d'incroyables efforts ; je le ferais encore, si cela vous était bon à quelque chose. Vous n'avez plus besoin de moi :

trouvez bon que je ne vienne plus chez vous que
lorsque la bienséance, ou quelques services que je
pourrais encore vous rendre, m'y obligeront. —
Pourquoi m'abandonner, mon cher ami? lui dis-je.
Croyez-vous qu'il y eût rien qui pût me dédommager de la perte que je ferais en vous perdant ?
J'aime mieux renoncer à tous autres commerces,
s'ils sont incompatibles avec le vôtre.—Non, dit-il,
je ne veux vous priver de rien. Je me suis sacrifié
sans réserve à votre bonheur : puisse celui qui le
doit faire vous être aussi fidèle et aussi dévoué que
moi. » J'insistai fortement, et je gagnai qu'il ne
cesserait pas de me voir. Je lui promis de soustraire
à ses yeux les objets propres à les blesser. J'eus
soin en effet qu'il ne rencontrât pas le chevalier de
Menil chez moi, quand il y venait : c'était rarement. Il ne s'y présentait que lorsqu'il avait des
nouvelles de dehors à m'apprendre ou quelque
chose à me dire de la part de mes amis, qui venaient le voir assez souvent. Du reste, je le voyais
chaque jour chez le gouverneur, où nous passions
tous une partie de la journée.

Nous y allions dîner; et, après le dîner, je jouais
une reprise d'hombre avec MM. de Pompadour et
de Boisdavis, et Menil me conseillait. La partie
quelquefois se rangeait autrement. Quand elle était
finie, nous retournions chez nous. Le chevalier de
Menil me suivait d'assez près. La compagnie se

rassemblait chez moi avant le souper que nous retournions faire chez le gouverneur, après lequel
chacun s'allait coucher. Le matin je revoyais Menil,
et nous ne nous quittions guère.

Je ne désirais plus d'autre liberté que celle dont
je jouissais. Il ne me semblait pas qu'il y eût d'autre monde que l'enceinte de nos murs. C'est le seul
temps heureux que j'aie passé en ma vie. Aurais-je
cru que le bonheur m'attendait là, et que partout
ailleurs je ne le trouverais jamais?

J'aimais quelqu'un dont je me croyais parfaitement aimée. Je m'abandonnais sans crainte à des
sentiments dont l'objet me paraissait raisonnable
et le but assuré. J'eusse plutôt appréhendé la
chute du ciel qu'aucun changement dans le cœur
du chevalier de Menil. J'étais dans la même assurance de sa conduite, sur laquelle je lui avais
prescrit des règles qu'il observait exactement. Je
lui dis, les premiers jours que nous commen-
çâmes à vivre sans contrainte, que les frayeurs
qui nous avaient poursuivis jusqu'alors toutes les
fois que nous avions pu nous voir, nous avaient
été une garde assez sûre qui allait nous manquer;
que je ne voulais pourtant prendre de sûreté
contre lui que lui-même; persuadée que, déterminé à passer sa vie avec moi, il ne voudrait pas
me dégrader dans mon estime, sans laquelle je ne
me résoudrais jamais, à aucune condition, de vivre

avec lui. Il m'assura qu'il respecterait ma confiance au point de prévenir plutôt, en s'éloignant
de moi, tout ce qui pourrait me déplaire d'une
passion assez vive pour être quelquefois inconsi-
dérée.

J'établis ainsi ma sécurité sur un meilleur fondement que n'eût été la présomption. Elle a tant
de hauteur et si peu de base qu'elle est facile à
renverser. Menil me tint parole. Il me quittait
quelquefois assez brusquement, au travers d'un
entretien fort tendre; je ne lui en demandais pas
la raison, et me gardais de le retenir. Ses égards
me touchaient bien plus que n'eussent fait les
transports les plus passionnés. Je goûtais donc
cette douce paix qui constitue le vrai bonheur. Il
ne me manquait que l'entière sûreté d'en jouir
toujours; ce que je ne révoquais pas en doute.

Les réparations de mon appartement étant
finies, j'y retournai, et je songeai à le meubler. Je
crus que c'était assez d'avoir passé un hiver dans
une grande chambre sans tapisserie : le second
approchait. M. de Maisonrouge, encore plus attentif à mes commodités depuis qu'il ne se mêlait
plus de mes amusements, demanda aux gens d'affaires de M. le duc du Maine des meubles conve-
nables pour mon logement. Ils en prêtèrent ; et je
pris grand plaisir à m'arranger dans cet ancien
gîte réformé. Je fus singulièrement touchée de

trouver un rebord à la nouvelle cheminée qu'on y avait faite, et d'y pouvoir poser un livre ou une tabatière, commodité que je n'avais pas ci-devant. Il faut avoir manqué de tout pour sentir la valeur de chaque chose.

Notre société prit part à mon changement de demeure. L'on se rassemblait plus facilement chez moi, et si continuellement, que j'en étais si souvent excédée et de si mauvaise humeur, que Menil m'en faisait de sévères réprimandes, sans égard pour la cause, qui méritait beaucoup d'indulgence de sa part.

Il était revenu habiter notre quartier il y avait déjà longtemps. La facilité de nous voir, la longueur de nos entretiens nous donnaient lieu d'y mêler des choses indifférentes. Il me montrait, pour me divertir, des lettres assez ridicules, qu'il recevait par des voies détournées, d'une de ses parentes, qui, de son aveu, était plus folle que ses lettres. Elle demeurait près de chez lui en Anjou. Je faisais peu d'attention à ce qu'il m'en disait, n'imaginant pas que j'eusse jamais rien à démêler avec une telle personne. Quoique dans l'espèce de liberté où nous étions la communication au dehors nous fût encore interdite, les nouvelles extorquées par chacun de nous, et rapportées en commun comme la proie des brigands, nous servaient de pâture au fond de notre antre.

On rassemblait surtout avec avidité celles qui pro-
mettaient notre prochaine délivrance. Je faisais
mine, par honneur, de la désirer comme les autres, quoique au fond de mon cœur j'en fusse fort
éloignée.

Mme la duchesse du Maine, qui avait été d'abord
menée dans la citadelle de Dijon, quand elle apprit qu'on la conduisait dans le gouvernement de
M. le duc, dit, comme Io,

> Aux fureurs de Junon Jupiter m'abandonne.

Elle y passa cinq mois, au milieu de toutes les
incommodités qu'elle avait ignorées jusqu'alors.
Ne pouvant plus les supporter, elle engagea Mme la
princesse de lui obtenir, par ses sollicitations, un
changement de demeure. Elle se flattait qu'en
même temps on la rapprocherait; mais elle n'eut
que le choix d'aller dans la citadelle de Châlons,
un peu plus éloignée, ou de rester dans celle où
elle était. Il y avait matière à délibérer. Elle avait
établi en ce lieu des correspondances utiles, par
des personnes qui, à leurs risques et périls, s'é-
taient entièrement dévouées à elle.

Une princesse ornée de grandes qualités, accablée de grands malheurs, est un objet frappant,
capable de remuer les âmes les moins sensibles.
Elle pouvait retrouver partout des gens animés
du même zèle, par les mêmes motifs; mais, pour

se faire connaître, il leur fallait des conjonctures qui ne se rencontrent pas toujours, et, pour servir, des moyens qui ne sont pas également en toutes mains. Malgré ces considérations, le désir si naturel de changer une situation pénible, même contre une qui ne vaut pas mieux, et qui peut être pire, l'envie d'aller quand on est retenu, l'occasion de revoir les gens qui devaient la conduire, déterminèrent Mme la duchesse du Maine à accepter Châlons.

Les ordres furent donnés d'y faire un bâtiment pour la loger. La Billarderie, qui avait commandé les troupes dont elle fut accompagnée dans son premier voyage, eut ordre de l'aller trouver avec un détachement des gardes du corps pour la transférer dans cette nouvelle prison, où il resta quelques jours auprès d'elle.

La confiance dont elle l'honora aussitôt qu'elle reconnut la bonté de son caractère, jointe à tout ce qui pouvait l'attacher à elle, l'y dévoua entièrement. Ses sentiments, cachés sous le plus profond respect, lui étaient peut-être inconnus à lui-même; mais la retenue ne leur donnait que plus d'activité. Elle reçut de lui tous les services qu'un honnête homme, chargé de sa garde, pouvait lui rendre. Il les accompagnait de toutes les complaisances propres à déguiser la sévérité de sa commission, dont il n'entama ja-

mais le fond , quoiqu'il en altérât souvent la
forme.

Arrivée à Châlons, elle eut le triste spectacle d'y
voir édifier sa prison, ce qui lui était déjà arrivé
dans la citadelle de Dijon, dont le logement était
insoutenable. Celui qu'on y fit construire sous ses
yeux se trouva encore plus impraticable, non-
seulement par l'humidité des plâtres neufs, mais
par sa situation, et elle n'y logea point. Je crois
qu'elle n'habita point non plus celui qu'elle vit
bâtir à Châlons, où elle ne demeura pas longtemps. Je n'ai su ces choses qu'après son retour et
le mien; mais je les place ici pour être à peu près
dans leur lieu.

Quoiqu'elle eût soutenu sa captivité avec courage, et que, pour en supporter l'ennui, elle se
fût prêtée à tous les amusements que pouvaient
fournir des lieux si arides de plaisirs , les incommodités et les inquiétudes qu'elle ne put écarter
altérèrent sa santé. Elle disait, à l'occasion de ses
tristes divertissements, si différents de ceux auxquels elle était accoutumée : « Que M. le duc
d'Orléans juge de mes peines par mes plaisirs. »

Quelque observée qu'elle fût, elle avait trouvé
moyen d'établir des correspondances, par lesquelles elle était à peu près informée de tout ce
qui se passait, et même des bruits qui couraient,
et c'était pour l'ordinaire un nouveau tourment.

Les nouvelles dont les prisonniers sont si affamés leur servent de poison. Ils en apprennent une partie, ignorent l'autre, font et défont mille systèmes sur ces connaissances imparfaites, d'où naissent autant de chimères et d'inquiétudes qui les dévorent. Leur état le plus doux, selon l'expérience que j'en ai faite, est celui où rien ne transpire jusqu'à eux.

Le bruit qui courut qu'on voulait mettre M. de Malesieu à la Conciergerie, lui faire son procès et traiter son affaire à la rigueur, parvint à Mme la duchesse du Maine, et lui causa les plus vives alarmes. Il fut dit ensuite qu'il serait confiné aux îles Sainte-Marguerite. On avait pièces en main contre lui, et peu de bonne volonté pour sa personne; ce qui le mettait plus en risque qu'aucun autre : aussi était-il dans de perpétuelles inquiétudes. Elles lui suggéraient des idées souvent mal digérées. Il me fit prier de rendre témoignage que cette lettre du roi d'Espagne, qu'on avait trouvée dans ses papiers, était une traduction de l'original espagnol. Je lui dis que je n'aurais vraisemblablement pas l'occasion d'en parler, et que, si je l'avais, je ne pourrais me résoudre à dire une chose si aisée à convaincre de faux.

Mme la duchesse du Maine, ayant été environ trois mois à Châlons, le duc d'Orléans, sur les représentations qu'on lui fit du mauvais état de la

santé de cette princesse, ne voulant pas être ac-
cusé de la laisser périr par des traitements trop
durs pour une personne comme elle, consentit
qu'elle allât passer quelque temps dans une maison de campagne. On lui proposa Savigny, en
Bourgogne, comme un lieu agréable. Elle fit demander au président de...., à qui cette maison
appartenait, de la lui prêter. Il craignit de déplaire à M. le duc, gouverneur de la province,
et la lui refusa. On en indiqua une autre, nommée Sevigny, qui fut prêtée à Mme la duchesse du
Maine.

M. de La Billarderie était revenu avec son détachement des gardes pour la conduire, et l'y mena.
Cependant le président qui avait d'abord refusé
sa maison, ayant su que M. le duc pensait à cet
égard tout autrement qu'il n'avait supposé, revint
en faire offre. Mme la duchesse du Maine ne voulait pas l'accepter; mais La Billarderie lui repré-
senta que ce serait prodiguer son ressentiment,
que d'en avoir contre un tel homme, et qu'elle
serait plus commodément à Savigny. Elle y fut, et
y passa quelque temps. Enfin, par de nouvelles
instances, on obtint de la rapprocher de Paris, et
de lui donner pour prison Chanley, belle et agréable maison qui n'en est qu'à trente lieues. Elle sé-
journa dans diverses maisons de campagne en y
allant, et s'y rendit vers le milieu de l'automne.

Mme la princesse[1] eut la liberté de l'y aller voir, et y passa une quinzaine de jours. Tout occupée de mettre fin à la captivité de la princesse sa fille, elle la conjura de lui avouer sincèrement tout ce qui s'était passé dans son affaire. Mme la duchesse du Maine lui en rendit un compte exact, par lequel elle la convainquit qu'il n'y avait rien eu, dans tout ce qu'elle avait fait, ni contre le roi, ni contre l'État, ni rien même qui pût essentiellement préjudicier au régent.

Mme la princesse, sur cet exposé, lui conseilla d'en faire l'aveu à ce prince avec la même vérité, comme le plus sûr et peut-être le seul moyen d'obtenir, non-seulement sa liberté, mais celle de toutes les personnes engagées dans la même affaire qui souffraient pour elle. La nécessité de tirer de prison M. le duc du Maine, qui venait d'y être dangereusement malade sans qu'elle l'eût su, le risque de l'y voir périr, tout innocent qu'il était, lui furent principalement représentés par Mme la princesse et par M. de La Billarderie.

Malgré ces puissantes considérations, elle insistait toujours sur les inconvénients d'une telle démarche, et protesta que son intérêt seul ne l'y résoudrait jamais ; et que, quelque pressants que fussent les autres motifs qu'on lui présentait, elle

1. La princesse de Condé, mère de la duchesse du Maine.

ne pouvait faire cette confession qu'elle ne sût si les personnes engagées avec elle s'étaient décelées elles-mêmes ; sans quoi elle risquerait leur perte et son propre honneur.

Il fut donc décidé qu'il fallait au préalable éclaircir ce point. On savait que M. de Pompadour et l'abbé Brigaut avaient donné d'amples déclarations. Si M. de Laval et M. de Malesieu avaient persisté à nier, il ne fallait pas songer à un aveu qui ne se pouvait faire sans les commettre ; mais présenter une requête au parlement pour demander la liberté de Mme la duchesse du Maine, conformément aux lois du royaume, qui ne permettent pas de retenir personne en prison au delà du terme marqué pour produire le sujet de leur détention. Mme la duchesse du Maine dressa un modèle de cette requête, qu'elle laissa entre les mains de Mme la princesse.

Ces résolutions étant prises, Mme la princesse assura Mme sa fille que, dès qu'elle serait à Paris, elle saurait positivement (et cela lui semblait facile) ce qu'avaient fait le comte de Laval et M. de Malesieu ; et qu'elle ou l'abbé de Maulevrier, son homme de confiance, le lui manderait aussitôt. Pour traiter cet article sans risque, Mme la duchesse du Maine donna à Mme la princesse des phrases communes, où elle attacha le sens des principaux points dont il fallait l'instruire. L'une de ces phrases voulait dire, Laval a avoué; l'autre, il n'a rien dit. Il y en avait de même pour M. de Malesieu.

Peu après le départ de Mme la princesse, Mme la duchesse du Maine reçut une lettre de l'abbé de Maulevrier, qui lui marquait, sous le chiffre dont on était convenu, que M. de Laval et M. de Malesieu n'avaient rien dit. Quelques jours ensuite elle en reçut une autre de cet abbé, qui, par le même chiffre, disait tout le contraire, que Laval et Malesieu, après avoir persisté longtemps, avaient enfin tout avoué. Ces témoignages ne parurent pas assez sûrs à Mme la duchesse du Maine pour déterminer le parti qu'elle prendrait. La Billarderie, qui était encore avec elle, désirant passionnément la liberté de cette princesse, et persuadé qu'il y pourrait travailler utilement, retourna à Paris, et eut à ce sujet plusieurs entretiens avec M. Le Blanc, qui lui fit sentir qu'elle n'y parviendrait jamais que par une déclaration sincère et complète de tout ce qui s'était passé dans cette affaire tant de sa part, que de celle des gens qui avaient agi d'un commun accord avec elle.

Le régent désirait de finir, mais il voulait que ce fût avec honneur, c'est-à-dire disculpé d'avoir attaqué et traité à la rigueur des personnes si considérables sans aucun fondement. Il avait donc résolu de n'accorder la liberté, ni aux chefs, ni à leurs adhérents, que par un aveu de leur part qui servît d'apologie à sa conduite. M. Le Blanc chargea enfin La Billarderie de porter parole à Mme la duchesse du Maine, de la part de ce prince, qu'elle obtiendrait son entière liberté, et celle de toutes les personnes comprises dans son affaire, si elle voulait en donner par écrit un détail exact et sincère, qui ne serait vu que de lui.

La Billarderie vint lui rendre compte de sa commission, et lui apporta des lettres de Mme la princesse et de l'abbé de Maulevrier, qui marquaient positivement et sans chiffres que le comte de Laval et M. de Malesieu avaient tout déclaré, et qu'on n'ignorait plus rien de cette affaire.

Mme la duchesse du Maine, persuadée par ces témoignages non suspects, qu'elle pouvait délivrer tous les gens de son parti sans nuire à aucun, surmonta en leur faveur la répugnance qu'elle avait à donner la déclaration qu'on lui demandait. Elle la fit dans un grand détail pour donner preuve de sa sincérité. Quand cette pièce fut achevée, elle la mit entre les mains de La Billarderie, pour la porter à M. Le Blanc, après qu'il l'aurait fait voir à Mme la princesse, à qui elle écrivit en même temps une lettre, où elle lui marquait les motifs qui l'avaient déterminée à ce que M. le duc d'Orléans avait exigé d'elle. Elle la conjurait de tenir la main à la prompte et fidèle exécution des engagements qu'il avait pris en conséquence, et lui représentait qu'il s'agissait en cela, non-seulement de ses intérêts, mais de son honneur, qui lui était infiniment plus cher, et qu'elle confiait à ses soins et à sa diligence, ne pouvant éviter le blâme de la démarche qu'elle faisait que par l'entière satisfaction de tous ceux qui y étaient intéressés.

Mme la princesse lut la lettre et la déclaration avec l'abbé de Maulevrier, qui dit à La Billarderie que la grande attention qu'on y voyait à justifier le cardinal de Polignac et M. de Malesieu pourrait en rendre la vérité douteuse. Il n'y reprit nulle autre chose, ni Mme la princesse non plus. La Billarderie la porta à M. Le Blanc pour la remettre au régent. On expédia, pour le retour de Mme la duchesse du Maine, la lettre de cachet qui lui fut envoyée. Elle y trouva, contre son attente, son séjour marqué à Sceaux. Cette première infraction aux paroles données lui en fit craindre d'autres.

IV.

Délivrance.

Nous ne savions rien dans notre prison de tout ce que je viens de rapporter. Un bruit vague de dénoûment s'y faisait seulement entendre. Il avait couru tant de fois, qu'on n'y donnait plus qu'une

médiocre créance. Enfin, M. Le Blanc, qui n'avait
pas paru depuis longtemps, vint les derniers jours
de l'année à la Bastille. Il était seul, et vit d'abord
la Pruden, cette correspondante du baron de
Walef, qu'on avait arrêtée depuis peu de temps.
Je fus mandée ensuite pour aller lui parler. Il me
dit que je leur aurais épargné bien de la peine,
si, quand ils m'avaient parlé, M. d'Argenson et
lui, j'avais voulu leur rendre compte de tout ce
que je savais de l'affaire de Mme la duchesse du
Maine, dont j'étais parfaitement instruite; qu'elle
s'en était expliquée elle-même par une déclaration fort exacte, et que je n'avais plus de raison
d'en vouloir garder le secret. Je répondis, qu'il
ne m'avait pas paru qu'on me crût si bien instruite. En effet, ils ne m'avaient interrogée qu'une
fois, et légèrement. « Au surplus, ajoutai-je, si
Mme la duchesse du Maine elle-même a parlé, que
pourrais-je dire qui vous instruisît plus parfaitement? Elle sait ce qui la regarde mieux que personne ne peut le savoir. Quand même elle m'aurait dit tout ce que j'ignore, je ne pourrais rien
ajouter aux connaissances qu'elle a données. —
Vous ne pouvez nier du moins, reprit-il, que
vous n'ayez rendu à Mme la duchesse du Maine des
lettres d'Espagne. » Je répondis que les lettres
que j'avais pu recevoir étaient pour moi; qu'il
m'en venait de divers pays auxquelles Mme la du-

chesse du Maine n'avait point de part. « Celles-
là, dit-il, étaient du baron de Walef, et vous ont
été remises par une fille d'Opéra. » Je lui dis (et
cela était vrai) que je ne savais de quelle profes-
sion était la personne qui en effet m'avait apporté
quelques lettres du baron de Walef, lesquelles
étaient pour moi. M. Le Blanc reprit : « Mais vous
savez toute l'affaire, et l'on veut que vous parliez,
ou vous resterez toute votre vie à la Bastille. —
Eh bien, monsieur, lui dis-je, c'est un établissement pour une fille comme moi, qui n'a pas de
bien. — Ce n'est pas, reprit-il, une situation bien
agréable. — Je ne la choisirais pas non plus, lui
dis-je; mais je resterai plutôt que d'inventer des
fictions pour m'en tirer. — Il faut avouer que Mme la
duchesse du Maine a eu d'étranges confidents. —
Pour moi, monsieur, repris-je, je vous dirai, sans
vous amuser davantage, que, si je ne sais rien,
je ne puis vous rien dire; et que si l'on m'avait
confié quelque chose, je le dirais encore moins. »

Il ne put s'empêcher de me dire, quoique cela
ne fût pas dans son rôle, « que Mme la duchesse du
Maine aurait été heureuse de ne s'être pas confiée
à d'autres qu'à moi. » Il ajouta tout de suite que
ses affaires étaient finies, qu'elle allait revenir.
« Me voilà donc tranquille, lui dis-je. — Et ce qui
vous regarde? reprit-il. — Cela, lui répondis-
je, n'est pas assez important pour m'en inquié-

ter. — D'où vient cette assurance? dit-il. Est-
ce qu'on vous a fait votre horoscope? — L'horoscope de quelqu'un qui naît dans une aussi
mauvaise fortune que la mienne se fait toute
seule, lui répondis-je : on sait qu'on sera malheureux, n'importe de quelle façon. » M. Le Blanc,
voyant que je ne voulais que bavarder, me dit
qu'il reviendrait avec M. d'Argenson, et qu'ils
m'apporteraient des ordres par écrit de Mme la
duchesse du Maine de dire tout ce qu'on me demanderait. Je lui dis que je les recevrais avec
beaucoup de respect, mais que je n'en dirais pas
davantage. En effet, l'on se charge de tels secrets par dévouement pour ceux qui vous les con-
fient, mais on les garde pour l'amour de soi.
M. Le Blanc, peu satisfait de mes réponses, me
quitta, et depuis il ne voulut plus m'interroger,
quelque instance qui lui en fût faite de la part de
Mme la duchesse du Maine après son retour, disant que cela était inutile, qu'il savait ce que je
savais dire.

Quand je fus hors de ce fâcheux entretien, Menil
me vint voir. Je le lui racontai. Je pouvais sans
indiscrétion lui en dire autant qu'à nos commissaires, et véritablement, quelque confiance que
j'eusse en lui, je n'avais pas cru devoir me permettre de lui rien révéler du fond de notre affaire. Dans ce transport de joie, qu'il eut de mes

réponses à ce dernier interrogatoire, il fut pressé
d'oublier la circonspection dans laquelle il vivait
avec moi. Je lui chantai ces paroles d'un opéra
qu'on jouait alors :

> Non, ne mêlons point dans un jour
> Tant de faiblesse à tant de gloire.

Je me tirai aussi adroitement d'affaire avec lui,
qu'avec M. Le Blanc. Quelques jours après, c'était
le 5 de janvier 1720, l'ordre arriva de faire sortir
de notre château tous les domestiques de Mme la
duchesse du Maine, valets de chambre, valets de
pied, frotteuses, à la réserve de M. de Malesieu
et de moi. Le marquis de Pompadour et le chevalier de Menil eurent en même temps leur lettre
de cachet pour sortir de la Bastille et aller en
exil; celui-ci chez lui, en Anjou. Il vint à la hâte
me dire adieu. Je ne m'attendais point à cette
brusque séparation. Je devais encore moins m'attendre à rester presque seule de ma bande en
prison, lorsque toute la maison de Mme la duchesse
du Maine en sortait, et qu'elle-même revenait.
Mais à peine fis-je attention à ce qui me regardait
personnellement dans cette conjoncture, tant j'é-
tais occupée de l'éloignement de Menil. Il me parut
médiocrement touché de me quitter. La joie d'a-
bandonner notre triste demeure surmonta visi-
blement en lui le regret de m'y laisser. Je n'eusse

pas été de même, si j'en étais sortie la première. Cette différence de nos sentiments, que j'avais quelquefois soupçonnée, mais que je n'avais pas encore si bien vue, me fut un surcroît d'affliction des plus sensibles. Je n'eus ni le loisir ni la volonté de lui en rien témoigner. Il partit. Et je restai dans cette espèce d'immobilité où l'âme, trop pleine de sentiments, demeure sans action.

On m'en tira pour aller dîner au gouvernement avec le marquis de Saint-Geniès, triste compagnon de ma mauvaise fortune. Le gouverneur était allé faire un tour de campagne, ne sachant pas ce qui devait arriver ce jour-là. Nous n'avions que le lieutenant de roi, qui, tout confus de notre aventure et de ce qu'il avait à nous annoncer, n'osait proférer une parole. Jamais repas ne fut plus lugubre que celui-là. Quand il fut fini, comme j'allais monter, selon notre coutume, pour prendre du café dans la chambre du gouverneur, le lieutenant m'arrêta au bas du degré, et me dit : « Ne montez pas ; il faut retourner chez vous, et n'en plus sortir. — A la bonne heure, lui dis-je. » Et prenant Mlle Rondel par le bras, je m'en allai chez moi. Il fit le même compliment à Saint-Geniès, qui, je crois, ne le prit pas en si bonne part. Sa commission faite, il me suivit dans mon appartement. Là il me conta que M. Le Blanc, en apportant l'ordre pour l'élargissement des autres, avait donné celui de nous resserrer plus étroitement que jamais; qu'il lui avait demandé de nous laisser au moins dîner ce jour-là comme à l'ordinaire, et de trouver bon qu'il ne nous signifiât ce changement qu'après notre repas. Le pauvre lieutenant était sensiblement affligé de cette disgrâce, que je regardais comme un soulagement; ravie, puisque je ne voyais plus ce qui m'était agréable, de ne rien voir, et de ne point donner ma tristesse en spectacle, de crainte qu'on n'en pénétrât la cause, et voulant encore moins qu'on l'attribuât à défaut de courage : car il est vrai qu'on a plus de dégoût pour les faiblesses dont on est exempt que pour celles où l'on se laisse aller. Maisonrouge ne démêlait pas ces divers mouvements de mon âme, et me croyait extrêmement affligée de ce renouvellement de captivité, au moment même où elle devait finir. Il en cherchait la cause, et me demanda ce que j'en pensais. « C'est apparemment, lui dis-je, qu'ils m'ont choisie comme ce pauvre âne de la fable, qui n'avait volé de foin que la largeur de sa langue, et qui fut dévoué pour les autres animaux plus coupables, mais plus forts que lui. » Nous raisonnâmes longtemps sur cet événement, sans y voir plus clair.

Le gouverneur vint chez moi le soir, et me témoigna y prendre beaucoup de part. Il en était

dans le dernier étonnement, et me dit qu'il n'avait
point vu d'exemple de ce qui venait de m'arriver,
qu'on eût renfermé un prisonnier, après l'avoir
laissé jouir de l'espèce de liberté que j'avais eue.
Il était encore plus surpris de ne me voir ni
consternée ni alarmée d'un malheur si con-
stant. Ma tranquillité lui paraissait digne d'admi-
ration, parce qu'il n'en voyait pas le misérable
soutien. C'est ainsi que souvent on nous fait honneur de ce qui, plus approfondi, produirait un
effet contraire.

Le lieutenant de roi me voyant dépourvue de
toute compagnie, et dans un état triste à tous
égards, reprit son ancienne assiduité auprès de
moi. Il me dit deux jours après la sortie du chevalier de Menil, qu'il avait reçu un billet de lui
rempli de sentiments pour moi. Il voulut me le
montrer, et ne put le retrouver. Je le connaissais
trop bien pour y soupçonner quelque finesse. Le
lendemain j'en reçus un qui m'était directement
adressé, dont je fus peu contente.

Je fus quelques jours sans entendre parler du
chevalier de Menil. Je les employai à faire mille
remarques et mille réflexions affligeantes sur sa
conduite. Je me persuadai que le grand air avait
dissipé en un moment ses sentiments que j'avais
crus si solides : j'en sentis la plus amère douleur.
Enfin le lieutenant me dit qu'il l'était venu voir,

et l'avait prié de me rendre une lettre, et de m'engager à y répondre; ce que je fis. J'en reçus encore une avant son départ, à l'insu du lieutenant, par son valet, dans laquelle il me marquait qu'il avait eu un long entretien avec un de ses amis, fort attaché à notre cour; qu'il lui avait confié ses liaisons avec moi et ses desseins, ayant cru utile de le mettre dans nos intérêts, et de le disposer à nous servir auprès de ma princesse. Je fus extrêmement contente de cette démarche, qui me rendait témoignage de la vérité de ses intentions, et de l'empressement qu'il avait de les exécuter. J'étais vivement affligée de n'avoir plus le moyen de recevoir de ses nouvelles et de lui en donner des miennes. Il partait, et nous ne pouvions rien risquer par la poste. Notre incomparable ami vint encore à notre secours. Il sentit la peine et l'inquiétude que me causerait cette privation, et me dit : « Vous ne pouvez écrire au chevalier de Menil, ni lui à vous, dans la situation où vous êtes. Tout serait perdu, si votre écriture paraissait à la poste. Mais je lui écrirai toutes les semaines. Vous verrez mes lettres et ses réponses, qui vous instruiront réciproquement de ce qui vous regarde l'un et l'autre. » Je sentis tout le mérite de ce dernier service. L'apparence d'une liaison avec quelqu'un qui sortait de dessous sa garde pouvait rendre sa fidélité suspecte; mais rien n'était capable de l'arrêter quand il s'agissait de ma satisfaction.

On avait fait partir, les derniers jours de l'année, les équipages de Mme la duchesse du Maine pour l'aller chercher à Chanlay. La Billarderie, qui lui portait les ordres de la cour, les devait joindre en chemin et les devancer. M. de Sailly, écuyer de cette princesse, qui les conduisait, prit la poste à moitié chemin, et fut à Joigny, petite ville à deux lieues de Chanlay, pour y attendre le passage de M. de La Billarderie, et se rendre en même temps que lui auprès de Mme la duchesse du Maine. Il y demeura deux jours sans vouloir se faire connaître. Les officiers de la bouche du roi, en service auprès de la princesse, venaient tous les jours en ce lieu-là chercher leurs provisions : voyant un homme qui, par les questions qu'il leur fit, paraissait s'intéresser à elle, ils lui en rendirent compte. Elle les chargea de savoir qui c'était. Il n'osa refuser de l'en instruire. Dès qu'elle le sut, elle renvoya lui dire de la venir trouver. Quoiqu'il craignît d'outre-passer les ordres qu'il avait d'ailleurs, il lui obéit. Il fit pourtant demander à M. Desangles, lieutenant de roi de la citadelle de Châlons, qui avait suivi Mme la duchesse du Maine à Chanlay, et l'y gardait, la permission d'y venir. Il lui manda qu'il le pouvait; mais qu'il serait bien aise de lui parler avant qu'il parût devant la princesse.

Il s'adressa donc d'abord à M. Desangles, qui lui recommanda vaguement de ne rien dire que conformément à la prudence requise dans l'état des choses. Il fut ensuite chez Son Altesse. Elle fut ravie de voir en lui un signal de son retour. Mais cette joie était troublée par le délai de celui de La Billarderie, dont elle ne pouvait pénétrer les raisons.

On lui avait promis qu'en arrivant à Sceaux elle y trouverait le duc du Maine, les princes ses fils, et la princesse sa fille. Lorsque La Billarderie était prêt à partir, il apprit, par Mme la duchesse d'Orléans, que M. le duc du Maine avait demandé d'aller à Clagny près de Versailles, et non à Sceaux, où il avait réglé que ses enfants n'iraient pas non plus.

La Billarderie, prévoyant que Mme la duchesse du Maine serait au désespoir de ce changement, ne voulut l'aller trouver qu'après avoir tout mis en œuvre pour amener M. le duc du Maine à ce qu'elle désirait. Cette négociation retarda son voyage de plusieurs jours. Ne pouvant rien gagner, il partit enfin, bien résolu de lui cacher cette fâcheuse nouvelle, de peur qu'elle ne s'obstinât à rester où elle était, si on ne lui donnait satisfaction sur ce point.

Son inquiétude de ne le pas voir arriver croissait à chaque moment depuis celui où elle avait

compté qu'il serait à Chanlay. Elle faisait mille
questions à Sailly pour démêler la cause de ce re-
tardement. Il savait la résolution qu'avait prise
M. le duc du Maine de ne point retourner avec
elle. Il se garda bien de lui en rien dire; mais
son embarras, lorsqu'elle lui parla de la joie
qu'elle aurait de se revoir à Sceaux avec ce prince
et avec ses enfants, pensa le trahir. Elle s'en
aperçut, et lui en demanda la raison. Il dissipa sa
crainte par un tour assez ingénieux. Enfin La Billarderie arriva, et elle fut entièrement rassurée,
car il ne lui dit rien que de conforme à ses désirs, la
résolution ayant été prise de ne l'instruire du véritable état des choses que lorsqu'elle serait à Petit-Bourg, où était sa dernière couchée. M. d'Antin, qui devait y être, était chargé de cette
commission. Elle partit; et La Billarderie prit
toutes sortes de mesures pour empêcher qu'elle
n'eût connaissance de cet incident avant le temps
marqué, afin que rien ne retardât son retour, et
ne troublât l'ordre de sa marche. Malgré le soin
qu'on prenait à cette intention d'empêcher que
personne ne lui parlât sur sa route, un concierge
à Fontainebleau la mit sur la voie, et découvrit le
mystère, en lui disant que M. le duc du Maine
était allé à Clagny. Elle fut saisie d'étonnement et
de douleur à cette nouvelle, qu'elle voulut éclaircir sur-le-champ. La Billarderie fut obligé de la

lui mettre au net, et s'y résolut d'autant plus volontiers, qu'elle était trop avancée pour reculer.
Quand elle sut que cette résidence de M. le duc
du Maine à Clagny était de son propre choix, elle
fut encore plus affligée. Cette disposition de la
part de ce prince sembla lui présager de nouveaux
malheurs. Cependant elle continua son chemin,
fut à Petit-Bourg, où Mme de Chambonnas, sa
dame d'honneur, la vint joindre. Elle s'y entretint
avec M. d'Antin sur les choses présentes; et on
lui fit espérer que, dès qu'elle serait sur les lieux,
tout s'arrangerait à son gré.

Elle arriva à Sceaux et n'y trouva personne.
Elle apprit qu'on n'y pouvait venir qu'avec une
permission expresse de Mme la princesse, qui
croyait ne la devoir donner qu'à peu de gens.
Elle sut que le duc d'Orléans avait fait lire, en
plein conseil de régence, l'écrit qu'il lui avait
promis de tenir secret. Quoiqu'il eût été mal lu,
peu écouté, encore moins entendu, il ne laissa
pas d'être jugé et condamné. Le public, qui ne
l'avait pas vu et ne le vit point, se révolta contre,
blâma Mme la duchesse du Maine, sans savoir
qu'elle eût été induite en erreur par les personnes
dont elle devait le moins se défier, et sans examiner les motifs qui l'avaient déterminée au parti
qu'elle avait pris. On supposa qu'elle avait livré
les gens qui s'étaient dévoués à elle, quoiqu'elle

n'eût porté préjudice à aucun d'eux, et qu'à dire vrai, elle se fût plutôt livrée elle-même, pour leur délivrance, à la censure du monde, aisée à prévoir dans une occasion si délicate.

L'abbé de Maulevrier, entendant la clameur publique, ne songea qu'à sauver Mme la princesse et lui du soupçon d'avoir participé à cette démarche. Dans cette vue, il cria plus haut que personne contre Mme la duchesse du Maine; et il engagea Mme la princesse à la désavouer en tout. Il l'accusa d'avoir sacrifié le cardinal de Polignac et Malesieu, dont il avait trouvé peu auparavant qu'elle prenait trop la défense. La Billarderie voulut l'en faire souvenir, et de tout ce qu'il lui avait dit et écrit à Mme la duchesse du Maine de contraire à ce qu'il disait alors. Il le nia, soit qu'il en eût perdu le souvenir, soit qu'il préférât l'intérêt présent à la vérité qu'il croyait destituée de preuves. Il vint voir Mme la duchesse du Maine à Sceaux, et lui témoigna, sans ménagement, toute la désapprobation qu'il donnait au parti qu'elle avait pris. Elle demeura d'abord comme pétrifiée d'étonnement. Elle était dans son lit, et avait sous son chevet toutes ses lettres et celles de Mme la princesse : il était facile de le confondre. Elle en fut tentée, et eut le courage d'y résister, voyant, dans la situation où elle était, le danger d'irriter un homme qui possédait la confiance de Mme la princesse, seul soutien qu'elle eût encore, et qui pouvait l'aliéner d'elle, si elle le poussait à bout. Elle pressentit aussi que, s'il avait connaissance qu'elle eût conservé les lettres dont il s'agit, il engagerait Mme la princesse à exiger qu'elle les lui rendît; qu'elle ne pourrait les refuser sans se brouiller avec elle, ni les lui remettre sans se priver pour toujours des preuves justificatives de sa conduite.

Peu de jours après, Mme la duchesse du Maine demanda et obtint la permission d'aller voir Mme la princesse, qui était incommodée et ne pouvait venir à Sceaux. Elle en fut bien reçue. Mme la princesse se garda de lui faire des reproches qu'elle sentait devoir retomber sur elle; et Mme la duchesse du Maine ne lui parla que de la nécessité de presser l'exécution des paroles du régent pour la liberté des prisonniers, et de travailler à la réunir avec M. le duc du Maine.

Ce prince, mécontent d'avoir essuyé pendant une année entière une rude captivité pour une affaire où il n'était point entré, était dans le dessein de rester à Clagny, et de ne pas voir Mme la duchesse du Maine. On lui avait persuadé qu'en faisant éclater son ressentiment contre elle, on y verrait la preuve de sa propre innocence, qu'il avait grand intérêt d'établir, pour forcer le régent à lui rendre l'exercice de ses charges et le rang dont il avait été dégradé au lit de justice qui précéda sa prison. D'ailleurs, il était chagrin du dérangement de ses affaires, et des dépenses qui y donnaient lieu, et pensait à régler une somme pour l'entretien de la maison de Mme la duchesse du Maine, et à prendre des arrangements pour le payement de ses dettes, et les moyens de n'en pas contracter de nouvelles.

Ces projets de séparation affligeaient Mme la duchesse du Maine, plus encore que la censure publique et que la désertion de la plupart des gens qui dans sa prospérité avaient paru lui être fort attachés. Elle mit donc tout en œuvre pour ramener le duc du Maine à elle ; mais cette négociation fut longue. J'en dirai la suite en son lieu. J'ai placé ici, pour ne pas déranger l'ordre des choses, ce que je n'ai su que lorsque je fus en liberté.

Pendant que ceci se passait, occupée de mes tristes rêveries, seule dans ma chambre, dont je ne sortais plus, j'y vis entrer un porte-clefs qui n'était pas celui qui me servait. Il me donna un gros paquet, me dit qu'il viendrait le reprendre, et s'en alla fort vite. Je l'ouvris avec empressement, et j'y trouvai une lettre de Mme la duchesse du Maine et sa déclaration. Elle me mandait qu'elle m'envoyait cette pièce afin que j'y pusse conformer ce que j'aurais à dire ; sur quoi elle me laissait une entière liberté. Cette lettre était écrite

3   i

de sa main. J'en brûlai la partie qui traitait d'affaires, et je conservai les dernières lignes que
voilà :

« Je vous aime et vous estime plus que jamais,
et tout ce que vous avez fait ne m'a point surprise.
Votre esprit et votre fidélité m'étaient connus.
Vous recevrez des marques de mon amitié, telles
que vous les méritez, aussitôt que j'aurai le plaisir
de vous voir.

« Adieu, ma chère L... »

Je fus extrêmement touchée de cette lettre et du
plaisir de voir de l'écriture de ma princesse.
Après l'avoir bien lue, je me mis à lire la pièce
qui y était attachée. Tout au travers de cette lecture, arrive brusquement le lieutenant de roi. Je
jetai vite dans un coffre les papiers que je tenais,
et il ne s'aperçut que du chagrin qui me prit
d'être interrompue. Il était accoutumé aux irrégu-
larités de mon humeur, et les respectait. Il ne fut
pas longtemps avec moi, et je repris ma lecture ;
mais Rondel me faisant envisager le risque que je
courais le jour d'être surprise, je remis à la nuit.
Cet écrit était fort étendu, et j'en employai deux à
l'achever.

J'écrivis une lettre à Mme la duchesse du Maine
(je ne me souviens plus de ce qu'elle contenait),
et recachetai ce paquet. On m'avait marqué de

faire un signal vis-à-vis de la tour où était M. de
Malesieu quand j'aurais fini, pour qu'on vînt le
reprendre. Cela fut exécuté. Le même écrit lui
avait été remis en premier lieu, avec ordre de
m'en donner communication. Il lui était plus nécessaire qu'à moi d'en prendre connaissance. Je
n'y étais nommée qu'en passant, sur un fait peu
important où il ne s'agissait que de la dame
Dupuis dont j'ai parlé ailleurs ; mais ce qui regardait Malesieu y était traité à fond, pour le disculper
per autant qu'il était possible, par les représentations qu'il lui avait faites, et l'autorité dont elle
avait usé envers lui pour en arracher une partie
de l'écrit qu'on avait trouvé. Le délai de sa liberté
désolait cette princesse. Elle travailla si fortement
auprès du régent pour le tirer de prison, qu'enfin
elle y parvint environ trois semaines après son retour ; mais elle ne put le sauver de l'exil. Il fut
envoyé à Étampes, où il demeura six mois.

Elle parla aussi au régent pour le comte de Laval et pour moi. Il lui dit que nous étions soupçonnés l'un et l'autre d'être entrés dans l'affaire
de Bretagne dont on était alors fort occupé, et
qu'il fallait que cela fût éclairci avant qu'on pût
nous lâcher. Elle lui protesta qu'à mon égard cela
ne pouvait être ; que je n'avais jamais rien fait ni pu
faire que par ses ordres, et qu'il était certain
qu'elle n'avait pris aucune part à cette affaire.

Il est vrai que le baron de Walef, se trouvant dés-
œuvré et mal à l'aise, se mit dans cette intrigue,
dont il s'imagina tirer parti. Il eut des correspondances avec les Bretons révoltés, et il employa
cette femme qu'il avait mise en relation avec moi;
d'où l'on jugea que je pouvais avoir connaissance
des nouvelles menées où elle se prêtait. On le crut
si bien, quoique cela fût absolument faux, qu'on
pensa me transférer au château de Nantes. J'en
eus avis, et j'en fus d'autant plus alarmée, que
quelques jours auparavant, on avait enlevé, la
nuit, le comte de Noyon de la Bastille pour le mener à ce château, si brusquement, qu'il n'avait eu
le loisir de rien prendre de ce qui était à lui. Je
croyais me voir ainsi dévalisée, courant la poste
sur les grands chemins pour arriver dans une nouvelle geôle, où les geôliers pourraient être plus farou-
ches que ceux que j'avais si bien apprivoisés. Je n'en
eus que la peur : on sut, sans me mener si loin,
que je ne trempais pas dans l'affaire de Bretagne.

Le régent alors, pour éluder ma sortie de prison, s'en tint à dire qu'il fallait que je parlasse
comme les autres avaient fait ; qu'il avait imposé
cette condition dont il ne voulait pas avoir le dé-
menti par l'héroïsme ridicule dont je me piquais.
Pour me résoudre à cette soumission, on me dé-
puta M. de Torpanne, qui m'était connu pour être
employé dans la maison de M. le duc du Maine.

On croyait que je ne m'en défierais pas. Il eut permission d'entrer dans ma chambre, où je n'avais encore vu personne du dehors. Il me dit qu'il venait de la part de la duchesse du Maine, me délier de tous les serments que je lui avais faits de garder ses secrets; qu'elle avait été obligée elle-même de les révéler, et qu'elle me dispensait de toute observance à cet égard. Je lui répondis que je n'avais point fait de serments, que je ne savais ce qu'il me voulait, que Son Altesse Sérénissime était la maîtresse de rendre compte de ses affaires, qu'elle le pouvait beaucoup mieux que moi, qui n'en savais pas tant, et ne me souvenais pas assez de ce que j'aurais pu savoir pour en rien dire. Il s'en alla sans que je lui en disse davantage.

A cette occasion, et en d'autres pareilles, Mlle Rondel, avec un courage au-dessus de son état, m'exhorta à ne me pas laisser séduire par les sollicitations employées pour me faire parler. « La conduite que vous avez tenue jusqu'à présent, me disait-elle, vous a fait honneur : croyez-moi, ne la démentez pas. Que vous en peut-il arriver? L'affaire est finie. Vous n'avez rien à craindre, que de rester un peu plus longtemps. Qu'importe? n'y sommes-nous pas tout accoutumées? » J'ai toujours admiré qu'un domestique, à qui il ne revient rien de l'honneur de son maître, y fût si délicat, et y sacrifiât si volontiers sa propre liberté.

Peu après cette visite de Torpanne, notre gouverneur vint me dire, de la part de M. Le Blanc,
qu'il me demandait une déclaration. Je lui dis
que je ne savais ce que c'était qu'une déclaration ;
que je n'en avais vu que dans les romans ; qu'apparemment ce n'était pas cela que M. Le Blanc me
demandait ; que je lui écrirais pour savoir plus
précisément ce qu'il exigeait de moi ; que je le
priais de vouloir bien se charger de ma lettre. Je
la lui donnai le lendemain telle que la voilà :

« MONSIEUR ,

« M. le gouverneur de la Bastille m'ordonna
hier, de votre part, d'écrire une déclaration.
Comme j'ignore sur quoi elle doit rouler, je ne
puis, quelque envie que j'aie de vous obéir, satisfaire à ce commandement, que vous n'ayez la
bonté de m'indiquer les choses dont vous voulez
que je vous rende compte.

« Si l'ignorance où je suis des fautes que j'ai pu
commettre ne suffit pas pour me justifier, du
moins me met-elle dans une véritable impuis-
sance d'en faire l'aveu. M. de Torpanne, que j'ai
vu par votre permission, m'a dit que Mme la duchesse du Maine a donné des explications très-
amples des choses qui la regardent. S'il y en a
quelques-unes sur quoi vous souhaitiez quelque
éclaircissement de ma part, faites-moi la grâce de

me les marquer, monsieur. J'aurai l'honneur de
vous répondre avec toute l'exactitude qu'exige le
respect dû à la vérité et aux personnes qui me la
demandent. J'ai l'honneur d'être, etc. »

« Ce 20 avril 1720. »

Ces mouvements me faisaient croire ma sortie
prochaine. Comme il y avait apparence que le régent ne consentirait pas que je retournasse d'a-
bord auprès de Mme la duchesse du Maine, que je
savais d'ailleurs que Mme la princesse s'y opposait,
je songeai à m'assurer un gîte dont je pourrais
avoir besoin d'un moment à l'autre. Le goût que
j'avais pris pour la solitude dans ma retraite for-
cée, la vie pénible que j'avais menée dans le
monde, me firent envisager avec plaisir la demeure d'un couvent. C'était proprement ma pa-
trie, et j'avais toujours désiré de m'y retrouver.
Je souhaitai principalement d'aller à la Présentation, où Mme de Grieu était encore, et où j'avais
fait mon premier établissement en quittant la province. Je communiquai mon dessein à Maisonrouge. Il engagea la marquise du Châtelet, à qui il
était fort attaché, d'écrire cela à Mme de Richelieu sa
sœur, abbesse de la Présentation, qui lui manda :

« Quoique je ne prenne point de grandes pen-
sionnaires, ma chère sœur, j'avais cependant
voulu agir, pour obtenir que Mlle Delaunay me fût

confiée. Mais on regarda cette démarche, dans ce temps-là, comme inutile pour elle, et dangereuse pour moi. Jugez si je ne la recevrais pas en cas qu'elle sortît de la Bastille. J'y serais portée par plus d'un motif; et l'un des plus puissants pour moi serait l'intérêt que votre obligeant major y prend. Il en a pris des soins très-zélés pour l'amour de vous; il a fini pour lui-même. Il est juste de la recevoir de sa main. Je veux même qu'il m'en tienne compte, comme je lui en ai tenu un infini de tout ce qu'il a fait à cet égard. Vous avez raison, ma chère sœur, de vous louer de son zèle et de son assiduité pour mon frère. J'en suis aussi très-touchée; témoignez-lui ma reconnaissance, et lui faites un million de compliments pour moi. »

J'eus avis, peu après cette petite négociation, que Mme la duchesse du Maine insistait fortement pour me ravoir auprès d'elle dès que je sortirais de prison, et mes projets devinrent incertains. Les plus intéressants dépendaient du retour et des dispositions du chevalier de Menil. Maisonrouge, fidèle à sa parole, lui écrivait tous les huit jours, et en recevait des lettres aussi souvent, dont on ne manquait pas de me faire part, ainsi que des siennes. Elles étaient fort mesurées les unes et les autres, eu égard au risque qu'elles couraient d'être interceptées.

Il avait passé trois mois et demi dans son exil,
lorsqu'il nous annonça son retour. Il suivit de
près cet avis. Dès qu'il fut arrivé, il vint voir notre lieutenant de roi, lui fit beaucoup de questions
sur ce qui me regardait, et le pria de me rendre
une lettre dont je fus peu satisfaite. Elle roulait principalement sur la nécessité de me tirer de prison.
Son style me parut changé. Je soupçonnai ses sentiments et ses intentions du même changement.
Ce que Maisonrouge me rapporta de ses discours,
ce que je vis qu'il en supprimait, l'air morne
qu'il avait en me faisant ce récit, tout concourait
à m'alarmer. Puis je me rassurais par les mêmes
choses qui avaient fait naître mon inquiétude. La
tristesse d'un rival pourrait-elle annoncer l'infidélité de celui qu'on nous préfère? N'en aurait-il pas
plutôt une joie qu'il ne pourrait dissimuler? C'est la
certitude de son malheur, et non le mien, qui l'af-
flige. Voilà ce que je me disais pour me calmer;
et mille autres répliques ramenaient l'agitation.

Il m'écrivit plusieurs lettres pendant le reste de
ma captivité, qui, presque toutes, me maintin-
rent dans cet état d'incertitude et de trouble que
je lui cachai autant qu'il me fut possible dans mes
réponses.

Mme la duchesse du Maine, qui travaillait à ma
délivrance depuis cinq mois qu'elle était de retour,
pria Mme la princesse de Conti sa nièce, dont elle

recevait beaucoup de marques d'amitié, d'engager
M. Le Blanc à me voir une dernière fois, pour
terminer mon affaire. Cette princesse lui parla, et
ne put obtenir de lui que la permission de m'envoyer M. Bochet, secrétaire des commandements
du prince de Conti, chargé des ordres de Mme la
duchesse du Maine. Elle ne voulut pas les écrire
de sa main. Elle en choisit une qui m'était connue
et non suspecte, par qui elle fit écrire sur une
carte que j'ai gardée : *Mme la duchesse du Maine
vous ordonne d'écrire, et je suis chargé de vous
le dire de sa part.*

M. Bochet vint à la Bastille, me présenta cette
carte, me fit comprendre qu'on me saurait mauvais gré de tous côtés d'une plus longue résistance,
et qu'il fallait enfin céder à ce dernier ordre.
J'écrivis donc, mais sans me piquer de sincérité ;
et je ne dis que les choses qu'on ne se souciait
pas de savoir, et celles qu'on n'avait nulle envie
d'entendre. Je joignis à cette pièce une lettre que
j'écrivis à M. Le Blanc. Les voici l'une et l'autre :

« Le baron de Walef, qui venait quelquefois
chez Mme la duchesse du Maine, depuis qu'elle demeurait aux Tuileries, et qui, de temps en temps,
m'apportait des ouvrages de poésie de sa façon,
qu'il souhaitait que je fisse voir à Mme la duchesse
du Maine, me dit un jour qu'il méditait un voyage

en Espagne, dans le dessein de faire revivre, s'il
était possible, d'anciens droits sur une succession
qui lui était autrefois échue en ce pays-là; qu'il
irait auparavant en Italie, où il avait quelques autres affaires; qu'il ne partirait point sans prendre congé de Mme la duchesse du Maine et sans
recevoir ses ordres. Peu de temps après, Mme la
duchesse du Maine me dit que le baron de Walef
lui avait parlé de son voyage, et lui avait demandé si elle ne voudrait point le charger de
quelque commission; qu'elle lui avait dit que, s'il
apprenait des nouvelles particulières dans les
lieux où il irait, elle serait bien aise qu'il lui en
fît part; qu'il n'aurait qu'à m'écrire, qu'elle verrait ce qu'il me manderait. Il me vint voir, et me
dit la même chose, ajoutant qu'il avait dans ce
pays-ci une amie, qu'il ne me nomma pas, qui
m'apporterait ses lettres. Ensuite il m'avoua qu'il
était dans le dernier embarras; que l'argent sur
lequel il avait compté pour faire son voyage lui
avait manqué; que, s'il n'en trouvait point, il per-
drait des conjonctures favorables pour ses préten-
tions; qu'il ne se voyait d'autre ressource que de
se défaire d'un cabaret de porcelaine très-rare
qu'il avait; qu'il me priait de voir si Mme la duchesse du Maine ne voudrait pas l'acheter. Il me
l'apporta le lendemain pour le lui montrer. Elle
comprit bien son intention; et ne croyant pas

pouvoir honnêtement refuser quelques secours à
un homme de condition assez attaché à elle, qui
lui faisait sentir le besoin qu'il en avait, elle lui
fit reporter son cabaret, et lui donna cent louis. Il
partit, et fut assez longtemps sans donner de ses
nouvelles. Enfin il écrivit une lettre de Rome,
dont la date surprit Mme la duchesse du Maine, qui
ne savait pas qu'il y dût aller; ensuite quelques
autres de Madrid. Elles me furent toutes rendues
par une fille ou femme que je ne connais point.
Elle me dit être des amies du baron de Walef, et
se nommer Pruden. Je n'ai jamais parlé d'elle à
Mme la duchesse du Maine, l'occasion ne s'en étant
pas présentée; et je n'ai eu aucune conversation
particulière avec ladite personne; je me suis simplement contentée de la remercier de la peine
qu'elle prenait de m'apporter les lettres dont il
s'agit. Je ne me souviens point de ce qu'elles con-
tenaient. J'ai seulement quelque idée d'un mémoire que le baron de Walef avait fabriqué pour
le cardinal Albéroni, suivant l'extrait qui en était
dans une de ses lettres : c'était un tissu de choses
bizarres, si confusément arrangées, qu'on n'y
pouvait rien comprendre; encore moins pourrait-
on en rendre aucun compte. Mme la duchesse du
Maine en entra dans une véritable colère, et me
dit que, si cet homme-là s'allait aviser de la mêler
dans ses extravagances, il lui ferait de belles affai-

res ; qu'il fallait lui mander incessamment de se
tenir en repos, et de ne songer en aucune manière à des choses dont il n'était point chargé. La
lettre fut écrite en termes assez vifs pour lui faire
sentir combien l'on désapprouvait ses fausses démarches. Cependant il produisit encore de nouvelles visions ; sur quoi je me souviens que Mme la
duchesse du Maine me dit : « Il est tombé absolu-
« ment en démence ; c'est, ajouta-t-elle, un accident
« si ordinaire aux gens qui, comme lui, se mêlent
« de faire des vers, que j'aurais dû le prévoir, et
« ne pas souffrir qu'un pareil homme pût se vanter
« d'être connu de moi. » Craignant donc les effets
de sa verve insensée, elle jugea qu'il n'y avait rien
de mieux à faire que de lui insinuer de revenir,
en lui promettant, comme elle savait qu'il cherchait fortune, de lui ménager en ce pays-ci quelque emploi qui lui convînt. Il manda qu'il reviendrait volontiers, ne voyant nulle apparence de
terminer les affaires qui l'avaient appelé en Espagne ; mais qu'il était sans un sol pour faire son
voyage, et qu'il ne savait plus même comment
subsister ; qu'il aurait souhaité, ne pouvant revenir
faute de moyens, de trouver de l'emploi sur les
lieux.

« Ma mauvaise santé alors m'ayant empêchée de
suivre Mme la duchesse du Maine dans un voyage
qu'elle fit à Sceaux, je fus assez longtemps éloi-

gnée d'elle. A son retour, elle me dit qu'elle avait
pris des mesures, comme elle s'y était crue obligée,
pour empêcher qu'on ne fît attention à ce qui pourrait venir de la part du baron de Walef; qu'elle
avait de plus trouvé moyen de faire solliciter quelque emploi pour lui en Espagne, en cas qu'il ne
voulût pas revenir; qu'elle comptait que cela lui
calmerait l'esprit, et qu'il ne songerait plus à se
faire de fête, sans qu'on l'en priât; qu'il fallait lui
en donner avis, et lui mander de ne plus écrire,
ce commerce-là ne faisant que déplaire. Et il n'en
fut plus question.

« J'ai eu connaissance encore d'une autre chose,
qui peut-être ne mérite pas d'être rapportée; quoi
qu'il en soit, la voici :

« L'abbé Le Camus ayant dit à Mme la duchesse
du Maine, qu'un abbé de Vérac était auteur d'un
certain libelle qui avait couru sur le différend des
princes, elle souhaita d'en avoir des preuves pour
détruire l'opinion qu'on avait eue que cet écrit
sortait de sa maison. Je fus chargée à cette occasion de voir une femme nommée Dupuis, amie de
ces deux abbés, de laquelle on prétendait que je
tirerais les éclaircissements et les preuves du fait
dont il s'agit. Je réussis mal dans ma commission.
La dame Dupuis ne me dit rien. Il fallut la revoir;
je n'en sus pas davantage. Cependant elle prit de
là occasion de venir souvent chez Mme la duchesse

du Maine, sous prétexte d'avoir à me parler; et
tous ses discours se réduisaient à des offres de
service de l'abbé de Vérac pour Mme la duchesse du
Maine, en cas qu'elle voulût faire faire quelque
ouvrage. Je lui répétai plusieurs fois que toutes
ses affaires étant terminées, il n'était plus question
d'écrire. Elle revint à la charge, et me dit que si
Mme la duchesse du Maine voulait voir l'abbé de
Vérac, elle en demeurerait fort satisfaite, et qu'il
pourrait lui dire des choses qu'elle serait bien aise
de savoir. Je rendis compte à Mme la duchesse du
Maine de cette proposition qui me fut réitérée.
Elle refusa de voir l'abbé de Vérac; et, tenant
pour suspect cet empressement hors de propos,
elle m'ordonna de dire à la dame Dupuis de ne
plus revenir. Elle ne fut pas facile à rebuter; elle
revint malgré cela sous divers prétextes, disant
qu'elle avait des avis importants à donner, dont
elle ne voulait s'expliquer avec moi. Je lui ména-
geai enfin l'occasion de voir un moment Mme la
duchesse du Maine, à qui elle dit quelques mots,
qui ne changèrent rien aux soupçons qu'elle avait
contre cette femme.

« Voilà les seules choses où j'aie eu quelque
part, et dont j'aie été informée. Au surplus, j'ai
entrevu que Mme la duchesse du Maine se donnait
des mouvements, et qu'elle était embarrassée dans
quelque affaire dont je n'ai point su le détail. J'ai

seulement remarqué l'extrême frayeur qu'elle avait que M. le duc du Maine n'en eût la moindre connaissance.

« Ce 1ᵉʳ février 1720. »

LETTRE A M. LE BLANC, EN LUI ENVOYANT CETTE PIÈCE.

« MONSEIGNEUR,

« Vos ordres réitérés me paraissent trop indispensables pour différer davantage de les exécuter. Voilà donc un récit exact de ce que je sais, tant sur les choses dont vous avez pris la peine de me parler, que sur celles qui se sont présentées d'elles-mêmes à mon souvenir. Cela n'a peut-être ni la forme, ni le style d'une déclaration ; à quoi, vraisemblablement, je n'entends rien. Mais du moins, monseigneur, vous y reconnaîtrez ma sincérité et ma soumission à vos ordres. Si j'ai manqué d'y satisfaire dès la première fois qu'ils m'ont été signifiés, j'en ai été suffisamment punie par la crainte de m'être attiré votre indignation, plus fâcheuse à mon gré que tous mes autres malheurs. J'ai l'honneur d'être, etc. »

Je crois que le régent ne fut pas fort satisfait de cette pièce ; mais comme il ne voulait que l'exécution imposée pour obtenir notre liberté, il s'en contenta, et il n'en fut fait aucune mention : de sorte qu'on ignora dans le public que j'eusse donné aucun écrit.

Quelques jours après, je vis, étant à ma fenêtre, le lieutenant de roi traverser précipitamment la cour, tenant un papier qu'il me montrait. Il entra chez moi avec un saisissement qui m'étonna. Il n'y a que les peintres qui ont su unir l'expression de la joie à celle d'une vive douleur, qui pussent bien rendre ce que je remarquai en lui lorsqu'il me présenta le papier qu'il tenait; c'était la lettre de cachet pour me faire sortir de la Bastille. « Vous voilà libre, me dit-il, et je vous perds. J'ai souhaité ardemment ce moment-ci; j'aurais donné ma vie pour l'avancer. Mais je vais cesser de vous voir : que deviendrai-je ? »

Je ne sentis que des mouvements confus; la joie, s'il y en avait, ne s'y distinguait pas. Je regrettais un ami capable d'un attachement que je ne voyais que trop être unique. Je souhaitais de revoir le chevalier de Menil et d'éclaircir mes soupçons, et peut-être ne les craignais-je pas moins. Enfin, je désirais de me trouver auprès de Mme la duchesse du Maine, et j'étais effrayée des peines et des fatigues où j'allais retomber. Tous mes sentiments étaient suspendus par la force presque égale d'un sentiment contraire.

Je reçus avec ma liberté l'ordre de me rendre sur-le-champ à Sceaux, où était Mme la duchesse du Maine. J'envoyai au Temple, prier l'abbé de Chaulieu de m'envoyer son carrosse pour me

3   *j*

mener chez lui, et ensuite à Sceaux; il était déjà fort mal de la maladie dont il mourut trois semaines après[1]. Je le vis, et je remarquai combien, dans cet état, ce qui nous est inutile nous devient indifférent. Il avait pris grande part à ma captivité, et ne me parut point touché de m'en voir délivrée. Je sentis vivement la perte que j'allais faire d'un ami qui semblait s'être chargé du soin de répandre de l'agrément dans ma vie, tout autant qu'elle en pouvait comporter : en effet, j'en eus encore d'occupés de ce qui m'était utile; mais personne ne reprit cette aimable fonction auprès de moi. Je ne pus rester avec l'abbé aussi longtemps que je l'aurais souhaité. Il fallut partir sans m'arrêter nulle part.

J'arrivai à Sceaux sur le soir. Mᵐᵉ la duchesse du Maine était à la promenade. J'allai à sa rencontre dans le jardin : elle me vit, fit arrêter sa calèche, et dit : « Ah! voilà Mˡˡᵉ Delaunay. Je suis bien aise de vous revoir. » Je m'approchai; elle m'embrassa et poursuivit son chemin. Je rentrai dans la maison. On me mena dans la chambre

---

1. Dans le temps de la grande liaison de l'abbé de Chaulieu avec Mˡˡᵉ Delaunay, il ne cessait de lui faire des offres d'argent. « Importunée un jour des vives instances avec lesquelles il me priait d'accepter mille pistoles : « Je vous conseille, lui dis-je, en recon« naissance de vos offres généreuses, de n'en pas faire de pareilles à « bien des femmes; vous en trouveriez quelqu'une qui vous pren« drait au mot. — Oh! je sais bien, dit-il, à qui je m'adresse. »

qu'elle m'avait destinée. Je fus ravie d'y trouver
une fenêtre et une cheminée, et d'apprendre qu'il
y avait deux femmes de chambre nouvelles, une
pour remplacer la première qui était morte, et
l'autre pour occuper ma place dont j'étais destituée. Mme la duchesse du Maine m'avait fait dire
qu'elle voulait Mlle Rondel, dont on lui avait rap-
porté beaucoup de bien, pour femme de garde-robe.
La sienne était morte en prison. J'en fis le sacrifice
volontiers, dans l'espérance que cela la mènerait
à quelque chose de mieux, et je pris une jeune
sœur qu'elle avait. Elles ont été l'une et l'autre
femmes de chambre de Son Altesse, vingt ans après.

Il n'y avait presque personne à Sceaux quand
j'y retournai. La duchesse d'Estrées s'y était rendue aussitôt qu'elle en avait pu obtenir la permission. Mme la duchesse du Maine n'avait encore la
liberté de voir que fort peu de monde. Elle jouait
au biribi avec les gens de sa maison presque toute
la nuit, et dormait la plus grande partie du jour.
On me fit veiller et lire comme auparavant. J'en
étais fort désaccoutumée, et ces exercices pénibles
me firent bientôt regretter le repos de ma prison.
Mme la duchesse du Maine m'entretint de la sienne,
m'apprit tout ce qui lui était arrivé, que je ne
savais point, me parla beaucoup et me questionna
peu. Elle me montra les lettres de Mme la princesse, et celles de l'abbé de Maulevrier, dont j'ai

parlé ci-dessus. Je reçus celle-ci du pauvre Maisonrouge le lendemain que je l'eus quitté.

« Le 4 juin.

« Jugez, ma très-chère pupille (c'est une qualité que je désire que vous vouliez conserver); jugez, dis-je, quelle est ma situation. Je flotte entre la joie et la tristesse. Vous savez avec quelle passion j'ai souhaité votre liberté; elle vous est enfin rendue. A la bonne heure : je l'aurais achetée de la mienne propre. Mais enfin, qu'il m'en a déjà coûté, et que je prévois qu'il m'en coûtera ! C'est sans art, sans artifice, que je me découvre à vous tel que je suis. Ma sincérité et la droiture de mon cœur vous sont connues. Je ne prends nulle précaution pour justifier mes différents caprices; j'ai désiré ardemment de vous perdre; je vous ai perdue, j'en suis au désespoir. Quelques réflexions que je fasse sur ma bizarrerie, je ne puis absolument la condamner; excusez-la, ma chère et digne amie; je vous aimerai toujours avec toute la tendresse de mon cœur. Je prendrai toute ma vie infiniment de part à ce qui vous arrivera d'heureux. Votre vertu, votre courage m'ont acquis tout entier. Tant d'autres belles qualités, que j'ai vues de près, me font regretter sans cesse ma triste fortune, mais me feront toujours ressouvenir que, qui vous a aimé ne doit jamais cesser de vous aimer. Surtout ayez grand soin de votre santé ; la journée d'hier n'a pas trop influé sur la mienne. Les différents mouvements dont j'ai été agité ont produit un contraste qui ne m'a pas fait passer une trop bonne nuit. On a bien soin de votre chatte. »

Deux jours après, je demandai permission de faire un tour à Paris, pour retirer beaucoup de choses que j'avais laissées à la Bastille, n'ayant pris avec moi que ce qui m'était le plus nécessaire. J'avais une extrême impatience de revoir mes vrais amis, et principalement d'entretenir le chevalier de Menil, à qui je donnai avis de cette course par ce billet.

« Enfin je pourrai vous parler, s'il n'arrive encore quelque contre-temps. J'espère être lundi, dans la matinée, à la Présentation, et là nous nous expliquerons sur bien des choses dont j'ai l'esprit et le cœur pleins. En attendant, comme rien n'est sûr, je vous dirai toujours ce qui se peut dire, non pas ce que je pense de ma situation présente, car vous me croiriez l'esprit dérangé. En tous cas, c'est l'effet des veilles sans interruption que j'ai faites depuis que je suis ici. Quoi qu'il en soit, je n'ai pas encore été dans une disposition plus triste, et si je ne reçois d'ailleurs la satisfaction qui me manque, j'ai peur enfin de me manquer à moi-même. »

Je fus le lendemain chez Mme de Grieu, à la Présentation : elle pensa mourir de joie de me revoir. Je trouvai à son parloir le chevalier de Menil, qui, loin d'un pareil transport, ne me montra qu'un air embarrassé. Je fus moi-même atterrée par sa contenance, dont j'augurai son entier changement.

Il me parla du mauvais état de ses affaires, causé par le dérangement général où il s'était compromis en vendant une maison qu'il avait, et dont je vis qu'il s'était défait sans nécessité pour un fonds perdu. Son goût pour cette nature de bien marquait clairement qu'il n'avait jamais eu dessein de vivre que pour lui. Le voile, tantôt plus ou moins épais, qui m'avait couvert les yeux jusqu'alors, tomba, et je vis l'abîme où je m'étais précipitée en m'engageant si légèrement sur de vaines illusions. Pour ne leur plus laisser aucune prise, je lui demandai qu'étaient donc devenus ses anciens projets ? Il me dit qu'il en désirait l'exécution autant qu'il eût jamais fait ; qu'il était bien éloigné d'y renoncer ; mais qu'il les fallait suspendre, pour voir le tour que prendraient ses affaires ; qu'en attendant, il ferait ce voyage dont il m'avait déjà parlé dans ses lettres (il s'agissait d'aller voir la marquise d'Avaray, ambassadrice en Suisse, son ancienne et intime amie). Rien ne lui paraissait plus indispensable. Quelque envie qu'il eût de la

voir, il en avait encore plus de s'éloigner de moi.
Mais toute rebutée que j'étais de lui, je souhaitai
de ne m'en pas retourner sans lui parler encore.
Je lui dis que je serais deux jours à Paris, chez
Mme de Réal, ma plus intime amie, nièce de Mme de
Grieu ; qu'il m'y trouverait le lendemain l'après-
dîner, s'il voulait y venir.

Je fus ensuite voir mes amis, dont vraisemblablement je reçus un meilleur accueil. Il ne m'en
reste pourtant aucun souvenir, tant la douleur qui
avait pénétré mon âme la rendit incapable de toute
autre impression. Je fus à la Bastille : c'était l'objet
de mon voyage. J'y vis le lieutenant de roi ; je le
trouvai abattu et malade. J'ai perdu toute idée de
ce que nous nous dîmes. Je ne sais même si nous
eûmes aucune conversation particulière. Je sais
seulement que je lui donnai le petit écrit que j'a-
vais ébauché dans ma prison, qu'il m'avait demandé avec instance. J'y avais joint cette espèce
d'épître dédicatoire :

A M. DE MAISONROUGE.

« Puisque c'est à vous, monsieur, que je dois la
liberté d'esprit dont j'ai joui dans ma captivité, il
est juste que les fruits qu'elle a produits vous
soient consacrés. Ils sont de si médiocre valeur, et
en si petite quantité, que j'ose à peine vous présenter
mon offrande qui consiste en quelques réflexions,

dont aucune n'a sa juste étendue, et qui, toutes ensemble, ne parviennent point au but que je m'étais proposé dans l'ouvrage, dont ceci n'est qu'un mince fragment. Je ne puis m'excuser ni sur la précipitation ni sur le manque de loisir. La paresse et l'indolence, qui naissent et se fortifient dans la solitude, sont les seules causes de la briè-veté et de l'imperfection de cet écrit. Si vous dai-gnez le recevoir comme un témoignage de ma confiance et de la reconnaissance que je dois à toutes les grâces que vous m'avez faites, c'en sera une nouvelle dont je conserverai, aussi bien que des autres, un éternel souvenir. »

Je ne sais ce que je fis le reste du jour. Le len-demain je reçus une visite de M. de Silly chez Mme de Réal. Il me témoigna beaucoup de joie de me revoir, et une grande satisfaction de ma con-duite. Je courus encore par le monde, et rentrai de bonne heure. Mme de Réal était allée à l'Opéra. Je n'avais pas voulu l'y accompagner ni qu'elle restât pour me tenir compagnie. Je me promettais une occupation plus intéressante. J'attendis donc, et j'attendis sans fin le chevalier de Menil, qui ne vint point. C'est principalement l'impression de cette cruelle soirée qui effaça de ma mémoire ce qui l'avait précédée et ce qui la suivit. Je n'ai passé aucun temps dans ma vie que je puisse comparer à celui-là. Je vis l'infidélité de Menil avérée; je vis

qu'il se dispensait même de toute mesure d'hon-
nêteté et de bienséance avec moi ; et ce qui mit le
comble à mon désespoir, c'est que je vis en même
temps que, tout perfide qu'il était, je ne pouvais
me détacher de lui.

Mme de Réal revint, et me trouva dans un état
où elle ne m'avait jamais vue, quoique nous eussions passé notre vie ensemble dans la plus intime
confiance. Elle voulut savoir ce qui me causait une
douleur si violente. Je le lui avouai, et lui contai
toute mon aventure. Je trouvai quelque consolation à épancher mon cœur avec une âme si tendre
et si sûre. Je l'avais presque élevée, et je la regardais comme ma fille. C'était une femme extrêmement aimable, exempte de toute prétention, douce,
sensée, ayant beaucoup d'esprit sans le savoir, et
d'agrément sans songer à plaire.

Quoique l'entretien que j'eus avec elle m'eût un
peu soulagée, je passai la nuit dans une agitation
qu'aucun instant de sommeil ne calma. Dès que la
pointe du jour parut, j'écrivis au chevalier de Menil.

Il vint chez Mme de Réal avant mon départ. Il n'a-
vait manqué la veille que par une méprise. On lui dit
à la porte que j'étais sortie. Enfin, il n'eut pas ce
tort-là ; mais il lui en restait tant d'autres que je
n'en fus guère plus contente, comme je lui témoignai
par mes lettres, lorsque je fus retournée à Sceaux.

J'en reçus en même temps une de Mme de Vauvray, qui me marquait que le peu de loisir que j'avais eu de me faire habiller et de m'instruire des modes, autorisait le soin qu'elle prenait de m'en envoyer un échantillon. La lettre était accompagnée d'une cassette contenant l'habillement d'une femme depuis la tête jusqu'aux pieds, et tout ce qui peut entrer dans notre parure; le tout du meilleur goût du monde. Je fus touchée d'une attention si galante dans une conjoncture qui la rendait convenable. Tout ce que j'avais porté en prison s'y était usé par le laps de temps; et j'en étais sortie ce qui s'appelle déguenillée. Je fus donc revêtue par les soins d'une amie, dont je n'ai pu reconnaître la générosité que par le souvenir que j'en conserve.

Je me vis assez fêtée après ma sortie de prison. La médiocre part que j'avais eue dans une affaire d'un si grand éclat me donna une sorte de lustre. La conduite convenable que j'avais tenue m'attira plus d'approbation qu'au fond je n'en méritais par le peu qu'il m'en avait coûté. Mes anciens amis, flattés de cette espèce de succès, se réchauffèrent pour moi. Bien des gens qui ne me connaissaient pas, voulurent me connaître; et j'aurais joui de beaucoup d'agréments, si le malheureux poison dont mon âme était imbibée ne l'avait rendue impénétrable à toute satisfaction.

DÉTAILS COMPLÉMENTAIRES.

Mlle Delaunay n'était plus à Sceaux sur le pied d'une femme de chambre, ou même d'une simple lectrice ; mais sa position à la petite cour de Mme du Maine était équivoque et sans avenir. Elle songea à se retirer dans un couvent ; Mme du Maine, de son côté, songea à la marier. Cela devenait tous les jours plus difficile ; et Mlle Delaunay, à mesure qu'elle perdait de ses charmes, devenait elle-même plus exigeante.

« Je fis comprendre à mes prétendants, dit-elle, que dans ma situation, à l'âge où j'étais parvenue, on ne me pardonnerait de changer d'état que pour une fortune qui paraîtrait extrêmement avantageuse ; et qu'enfin j'étais comme ces antiques qui augmentent de prix par leur ancienneté.»

On lui déterra, après beaucoup de recherches, le lieutenant d'une compagnie dans la garde suisse, qui était résolu de l'épouser, si, par la protection de M. du Maine, il devenait capitaine de sa compagnie. La dame qui avait fait cette découverte lui dépeignit M. de Staal comme une manière de patriarche.

« Pendant qu'elle me tenait ce discours, dit Mlle Delaunay, il se présenta à mon esprit un tableau de la vie champêtre, dont le contraste avec la mienne relevait chaque objet, et m'en faisait admirer les grâces douces et naïves. Je prenais alors du lait, et rien ne me parut plus satisfaisant que d'avoir des vaches sous sa main. L'orgueil des hommes prend soin de leur dérober les chétives circonstances qui ont aidé à les déterminer dans les occasions les plus importantes ; et ce n'est que par une recherche exacte et difficile qu'on les retrouve. Me voilà donc toute passionnée pour le nouveau genre de vie que je croyais mener.

« L'entrevue se fit chez Mme de Surl.... Il fut plus content de moi qu'il n'y avait lieu de l'espérer. Je ne portai aucun jugement de lui à ce premier abord ; mais quelque temps après, je fus avec M. et Mme de Surl... à sa maison de campagne où nous dînâmes. Le lieu, le repas, la compagnie, tout rappelait la simplicité de l'âge d'or. Je trouvai une petite maison gaie et propre par la blancheur des murailles ; il lui seyait de n'être point meublée. Je n'ai pas fait tant de cas, par la suite, de cette espèce d'ornements. La volatile d'une basse-cour, la chair des troupeaux, les fruits du verger, couvrirent la table. Nos jeunes hôtesses, comme au temps où l'on révérait Jupiter hospitalier, préparèrent une partie des mets, nous régalèrent de gâteaux et de fromages façonnés et servis par leurs mains. Je considérai avec plaisir

cette façon de vivre, si conforme à la nature,
qui nous est devenue étrangère ; et je crus qu'elle
me conviendrait. Je fus contente du maître de la
maison, de son maintien, d'une certaine politesse
non étudiée, qui part du cœur, et annonce un caractère doux et bienfaisant. En effet, c'est le sien.
Son âme, exempte de toute passion, va vers le
bien par une pente naturelle, sans être retenue ni
détournée par rien. Il résulte de ce calme inaltérable une parfaite égalité d'humeur, des vues sai-
nes, parce qu'elles ne sont offusquées d'aucun
trouble d'esprit, plus de justesse que d'abondance
d'idées, peu de discours, mais sensés, enfin quelqu'un dont la société ne peut incommoder, aussi
incapable de faire naître l'engouement, que de
donner du dégoût. Je sentis confusément tout ceci,
que je démêlai par la suite ; et je trouvai un
homme que la nature avait placé où la raison ne
saurait arriver. Nous eûmes une conversation
après le dîner dans laquelle on traita l'affaire
dont il s'agissait. M. de Staal témoigna la désirer
extrêmement, et néanmoins tint ferme à ne la
conclure que lorsqu'il serait muni du titre qu'il
demandait. J'approuvai cette sage précaution ; et
nous nous séparâmes contents l'un de l'autre.
Quand je fus montée en carrosse, il mit à mes
pieds un petit agneau le plus gras de son trou-
peau, qu'il me pria d'emmener avec moi. Cette

galanterie pastorale me sembla parfaitement at-
sortie à tout le reste. »

La réflexion vint ensuite. Mlle Delaunay découvrit que le bien de M. de Staal appartenait à ses
enfants, et qu'une belle-mère serait mal reçue par
deux fiiles accoutumées à être maîtresses de tout.
Mais Mme du Maine s'entêta à faire ce mariage, et
il fallut obéir.

Mme de Staal mourut quinze ans après, en 1750,
laissant un recueil de lettres, deux comédies, et
ses *Mémoires*, qui sont le premier de ses titres.

Une de ses amies lui demandait un jour pendant qu'elle les écrivait, comment elle s'y prendrait pour traiter certaines affaires de cœur : « Oh !
dit-elle, je ne me présenterai qu'en buste. »

Peut-être était-il nécessaire, pour l'exactitude
historique, d'écrire ici ce mot, sur la dernière
page des Mémoires de Mme de Staal.

FIN.

TABLE.

DE L'IMPRIMERIE DE CRAPELET, RUE DE VAUGIRARD, 9.